コミュニケーションの土台をつくる関わりと支援

ことばの発達が気になる子どもの相談室

言語聴覚士
村上由美

明石書店

まえがき

はじめまして。言語聴覚士の村上と申します。言語聴覚士というと堅苦しい印象を受けるかもしれませんが、「聞こえやことばについてのちょっとだけ詳しい人」と思っていただけると幸いです。

言語聴覚士は１９９７年に法律が制定され、１９９９年に第一回の国家試験が行われました。現在２万５０００人ほどの資格保持者がいて、主に病院や福祉施設などで働いています。

私がこの仕事に就いたきっかけには、私自身が4歳までことばをしゃべっていなかったという経験があります。歩き出してからも一向に話そうとしない、働きかけても自分や嫌だと思うことには全く応じようともしない娘に対して、ずっと母は「この子はどこか普通の子どもとは違う」と思い、３歳前後になるとあちこちの専門家へ相談に出かけたそうです。

当時、そんな子どもたちに対しては「母親の愛情不足」「親が子どものことを受容していない」ことが原因と大半の専門家たちが信じており、母はいわれなき誹謗中傷を受けてかなり傷ついたそうです。そんな中、たった一人だけ「お子さんには脳の機能障害があるのではないでしょうか？　おそらく自閉症だと思います」と指摘した専門家がいて、その方に相談したことで母はずいぶん救われたといいます。

それがきっかけで家庭教師や母による療育（治療教育）が始まり、まもなく私は文字から話し声の存在に気づき、そこから文字とことばを覚えてしゃべるようになりました（詳しくは講談社刊『アスペルガーの館』をご覧ください）。

大人になってから、自分のことをもっと知りたい、そしてできたらそんな経験を仕事に活かして同じように悩んでいる人たちの力になりたいと思い、大学で心理学を学んだあと所沢市にある国立身体障害者リハビリテーションセンター（現・国立障害者リハビリテーションセンター）内の学院に通い、言語聴覚士になりました。

その後、途中1年ほど体調を崩して休養した時期はあるものの、病院や重症心身障害児施設、そして保健センターなどで働いてきました。今はフリーランスとして自治体の発育発達相談の他、発達障害関係の講演、原稿執筆、発声発語の研修などの仕事もしています。

ずっと医療や福祉の現場で働いてきて感じているのは、お子さんに関する親御さんの心配や不安の内容に対して、丁寧に情報などを伝えきれていないことがたくさんあるということです。相談などでお子さんと接する時間には限りがあります。そのため、日頃の工夫についてお話ししたくてもご家庭の事情などを考慮しきれず、一般的なことしか言えなくて申し訳ないと思っていました。

また、精一杯説明したつもりでもこちらの意図とは全く違う意味に受け取られることや、療育場面の指導や抽象的なアドバイスばかりでは日常生活での具体的な行動に落とし込みにくいといった問題を感じることがありました。さらに、今はネットなどで情報が氾濫しているだけに、親御さんもかなり調べて来ることもありますが、かえって情報に振り回されて疲れてしまうこともあるのでは、という印象も受けています。

一番必要と思われるのが、実際に自分が住んでいる自治体にどんな制度があるか、どういう人に相談するといいのか、という情報です。しかしそれが意外に知られておらず、途方に暮れている人が多いというのも気になっていました。実は欲しいサービスがあるのに、必要な人に情報が行き届いていないために利用されないのでは、税金などの公的資金が投入されているだけにもったいないと感じています。

テレビなどのマスコミで最新情報が流れると親御さんが焦ってしまったり、ネットで一般的ではない「画期的な方法」などが紹介されるとそちらに惹かれて、まず優先すべき標準的な方法あるいは地道だけど確実な方法に批判的になってしまったりする様子も見聞きしてきました。

そんな折、以前刊行された共著の原稿に目を留めていただいた編集者に「ことばの相談の本を書いてみませんか？」と声をかけていただきました。さまざまな名著が出ているジャンルだけに「私でいいのだろうか？」と戸惑いもありましたが、自分が日々感じていることや、療育を受け、さらに支援者として経験してきたことをまとめるいい機会だということでお引き受けしました。

この本に出てくる悩みは、今まで受けてきたご相談の中で特に多かったものや、さまざまな立場の人とやり取りしてもう少し丁寧にお伝えする必要がありそうだと思ったものばかりです。また、発達障害当事者としてもう少し支援者や家族の立場にいる人に考えていただきたい事柄にも触れました。

発達障害のある人への支援の重要性に注目が集まる中、支援者や家族も今まで「これが当たり前」「これはダメだと思う」とみなしてきたことと全く違う価値観や支援が求められて困惑している状況も見てきました。だからこそ、「そういう意味だったのか」「だからこんな方法が有効なのか」と、より多くの人に知っていただけることで、個々の特性に注目した支援が広まることを願っています。

ことばの発達が気になる子どもの相談室——目次

第1の部屋

第2の部屋

ことばを通して社会性を育てる

第3の部屋

ことばのコミュニケーション能力を育てる

第4の部屋

家庭でできることをすこしずつ

第1の部屋

ことばの遅れってどういうこと?

1

2歳を過ぎてもことばを話しません。

ことばの発達には段階があります。お子さんの状態に合わせた関わり方が大切です。

子どもの状態をよく見極める

2歳を過ぎてもことばを話さないとなると、親にとってはかなり心配な状況かと思います。ただ、「ことばを話さない」と一口に言っても内容をよくうかがうと親御さんによって意味が異なることがあるので、まずことばがどのように発達していくかを整理してみます。

一般に初語は1歳前後と言われています。もちろんこの時期ははっきりしたことばではなくても、幼児語（犬をワンワン、ご飯をマンマなど）などでも1語として数えます。

１歳～２歳頃の子どもは口の機能が未発達なのでワンワンと言おうとして〈ワーワー〉や〈アーアー〉、ブーブーと言おうとして〈ウーウー〉という発音になっていることがあります。また、ことばの意味がまだよくわかっていないため、動物のことを全部〈ワンワン〉、大人の女性をみんな〈ママ〉などと、大人の視点で考えると間違った使い方をすることがあります。反対に自分の家にいる犬だけを〈ワンワン〉と言う、普段は食べない種類のパンを親が「パン」と言うと意味が理解できずキョトンとした顔をすることがあります。

親御さんの中には大人が話すようなことば（成人語と言います）が出ていない、意味やことばの使い方が少しでも違っていると「ことばを話さない」と不安になることがあるようですが、２歳前後まではこのようなことは一時的に見られ、徐々にことばのやり取りを通して修正していきます。

子どもたちは試行錯誤しながらことばを獲得していきますから、「違うでしょ！」と怒ったり言い直させようとせずに、「ああ、猫ちゃん（ニャンニャン）がいるねー」「これもパンだし、こっちもパンだよー」とさり気なく正しい答えを教えるようにしましょう。むしろ「今日はこんなことを言った！」と楽しみながらやり取りをしてみてください。

専門家に見てもらうポイント

「じゃあ、専門家はことばについてどんなことをポイントにチェックしているの？」と疑問に思われたかもしれません。１歳半健診などでもことばを話すかといった確認項目がありますが、目安は４～６語単語が出ていること、大人に「靴（クック）どれ？　車（ブーブー）どれ？」などと聞かれて該当するものを指差しできることといった、日常よく用いる単語の理解と表出が確実にできていることをまず確認します。その合間に積み木を積んでもらう、簡単なはめ板やボールを使って遊ぶといった物を介したやり取りができるかも診ていきます。

もちろんこの時期はまだ人見知りが残っているため、子どもはいつでも機嫌よくやってくれるとは限りません。そのようなときは親御さんに「指差しできるか？」「どんなことばを話しているか？」「家で絵本などを見て『ワンワンどれ？』と聞かれて犬の絵を指せているか？」「『パパに新聞持って行って』『ゴミポイして』と言って新聞やゴミを渡したら適切な行動ができるか？」といったことを聞き出します。

反対にまったくことばを発しない、ことばに対して反応がない、というのはもちろんですが、ことばを話していても先に述べたような物を使って一緒に遊べない、大人が関わるやり取りをあまり楽しめない、家以外の場所で親やよく会う大人が一緒にいてもそちらを気にせず目の届かないところへ勝手に行ってしまう、特定のことに強いこだわりを示すといった行動がある場合は、日を改めてゆっくり関わらせてほしいと申し出るでしょう。

２歳を過ぎてもことばを話さない、ことばの数に変化がない、発音がはっきりしないと感じる場合は聴力検査や口の中を確認して、まず聞こえや発音に関係する器官の状態を調べてもらうことをお勧めします。かかりつけ医など日頃からお子さんの状態を確認してもらっている人に相談して、子どもの診察に慣れた耳鼻咽喉科や口腔外科を紹介してもらいましょう。

絵カードで単語の理解を確認する

心当たりがない場合は子育て支援センターや保健センターといったところでも定期的に相談日を設けています。自治体で配布されている広報やホームページを見ると必ず相談場所の連絡先が書かれているので参考にしてください。はじめは敷居が高いかもしれませんが、保健師さんは相談だけでなく訪問などもしてくれます。思い切って声をかけてみてください。

2

3歳を過ぎても文章を話しません。

この時期ならではの子どもの発話の仕方を楽しみ、気持ちをくみ取りながら表現方法を教えていきましょう。

ジェスチャーや幼児語も大切な表現方法

「歩けるか」「ことばを話すか」が親にとって1歳〜2歳頃の心配事だとすると、3歳前後の心配事は「おむつが取れるか」「文章を話せるか」「お友達と遊べるか」になります。

1歳半から2歳頃でも子どもは〈パンパン〉と言いながら手を差し出し、「パンがほしい」「パンをちょうだい」という意思を示すようになります。つまり話していることばは単語でもジェスチャーを付け加えることで文章的な表現をしているのです。

親御さんの中にはジェスチャーや幼児語に対してあまり重きを置かない人もいますが、

このくらいの年齢のお子さんにとってはジェスチャーや幼児語も立派な表現です。「パンほしいのねー」「お手々キレイキレイしようね」と子どもが言いたいことをことばで置き換えながら相手をしてあげてください。

2歳から3歳になると、知っていることばの数も飛躍的に増えていきます。一般的には3歳で1000語、4歳で1500語と言われています。文章の内容も2歳前後では〈ママキタ〉（ママが来た）や〈パンパクパク〉（パンを食べる）といった簡単な2語文程度（単語を2つつなげた文章）の表現ですが、3歳頃になると〈○○サントイッショニアソブー〉（○○さんと一緒に遊ぶ）や〈キョー

単語の組み合わせで多様な表現ができることがわかってくる

ワピンクノオヨーフクニスルノ〉（今日はピンクのお洋服にするの）といった3語文（単語を3つつなげた文章）を話すようになります。比較してみるとよくわかると思いますが、名詞や動詞以外にも助詞（今日は、〇〇さんと）や形容詞（ピンク）、副詞（一緒に）が出現し、さらに複雑な表現ができていきます。

この頃になると子どもたちは主語＋目的語＋動詞や大小＋色＋名詞といった基本的なことばのルール（文法）を理解し、ことばを入れ替えたり、組み合わせたりすることでより多様な表現が可能であることを感覚的にわかってきます。

子どもたちはこの頃から爆発的にことばの数が増えていくと同時に、会話のバリエーションも豊かになっていきます。話を聞いてもらっていないな、と思ったら〈ママ、オハナシキクトキハ、チャントオカオミテ！〉と時には鋭い指摘をすることもあり、親としては冷や汗をかくこともあるでしょう。

子どもらしい表現を楽しむぐらいの気持ちで

一方でこの年代の子どもたちはファンタジーやアニミズムの世界の住人でもあります。ですからすべてのものは生きていると思いこんでいるし、つじつまの合わないことや願望と現実を混同して「そうだったらいいのに」と感じていることをまるで実際に起きたかのように話すことも珍しくありません。

時間の経過もまだよくわからないので、かなり前のことも〈サッキネー！〉と言い出すこともありますし、明日のことなのに〈アトナンカイネルノ？〉と唐突に聞いてくることもあります。

「変なこと言うけど大丈夫かしら？」と心配になるかもしれませんが、大半の子どもたちは2、3年でこの時期を通過していきます。この時期ならではの子どもらしい楽しい発話は書きとめておくだけの価値のあるものです。私はこの時期話していなかったので、母に対してこの時期ならではの楽しみをさせてあげられなかったな、と残念に思うことがあります。

この時期に注目すべきポイントは、長い文をただ丸暗記していないか、ということです。子どもたちは国旗や国名、車や電車の名前、アニメのキャラクターといった、興味のあることは大人が驚くほど覚えていきます。テレビの台詞《せりふ》もあっという間に覚えていきます。

ところが中には丸暗記はできるものの、その言ったことについて「誰が？」「何を？」といった質問をされると答えられないお子さんがいます。このような場合は、洗うのは手だけ、履くのは靴だけといったひとかたまりで覚えていることが多いため、ことばを入れ替えた組み合わせでも（例えば「体を洗う」「ズボンを履く」）意味が通じることなどを伝えていくことも必要になります。

また、「男の子がご飯を食べている」「お母さんがご飯を食べている」という２枚の絵カードなどを見せてもどちらについても〈ゴハンタベテルー！〉（ご飯食べてる）と答えてしまい、違いについて聞かれてようやく〈ママ！〉〈○○チャン！〉と答えることがあります。もちろんご飯を食べているのは合っていますが、人が違うのがわかるように伝えることは会話をする上で大事なポイントです。

3

相談に行ったら検査をすると言われました。

◆結果をネガティブに考えるのではなく、検査からお子さんとの関わり方のヒントを学ぶようにしましょう。

検査を受けるときの心得

ことばの遅れが心配で思い切って相談に行くと、「専門の先生に検査をする」と言われてさらに不安が増してしまうことがあるかと思います。

検査と言われると検査→テストとなり、検査をする立場からすると、それが悪い印象を与えていると感じています。日本ではテストというと入学試験などと結びつくことが多いため、点数が低いと不合格というイメージになり、検査を受けることにネガティブな感情を起こしてしまうのでしょう。わが子のことを否定、非難されるのは親にとっては自分を否定されるよりも辛いことですから、このあたりの感情が湧き起こるのは無理のないことかもしれません。

ただ、ここでよく考えてほしいのは検査の意味です。私たち専門家は子どもの状況をより詳しく知るために検査を行います。検査のメリットは、専門家が吟味して作ったものなので、適切に行えば子どもの得意・不得意な項目が客観的にわかることです。日頃の生活だとつい見落としてしまいがちなことを丁寧に見ることで、お子さんが本当に得意なことと苦手なことを見極め、どう支援していくといいかを考えるためのヒントになります。

検査と言っても、きっと実際やっている様子を見たら「どこが検査なの？」と思われるかもしれません。大方の子どもからしたらきっと「知らないおじさんやおばさんが遊んでくれている」感覚でしょう。実際に私も幼い頃自宅で療育を受け、その後のフォローアップで病院に行ったときも楽しかった記憶があり、そのとき先生たちが自分のことを評価していたことには当時はまったく気づいていませんでした。

一般には2歳頃になると人見知りの時期は終わりますし、たいていの場合は親が同室していれば、子どもはたとえ初めての相手でも面白いおもちゃなどを見せて遊んでくれる相手なら次第に慣れて遊んでくれます。あまり親が不安に思うとかえってそれを察知して怖がることもあるので、お子さんがどんな反応をするか見てみよう、という気持ちでいるほうがいいでしょう。

どうしても慣れない場合もありますが、このような場合は、普段は状況をかなり手がかりにしているため、それがない初めての場面だと普段できることでも何をしたらいいかわからないといった理由も考えられます。逆にこれこそ、普段と違う状況だから見えることなのです。そこから「前もって行き先を写真などで見せておく」「親が率先して挨拶などをするといった見本を示す」といった対応が必要なことがわかります。

検査で子どもの新しい面を発見！

就学前のお子さんによく使う検査は発達検査や知能検査です。前者は3歳前後までのお子さん、後者はもう少し大きなお子さんを中心に行うことが多いものです。発達検査は質問紙に親御さんや日頃よく見ている人が記入する形式のものと、実際におもちゃなどのような検査器具で一定の条件下でそれを使って遊んだり、検査者が聞いたことに答えるといった形式のものがあります。質問紙は子どもへの負担が少なく、時間もかかりません。しかしあくまでも親御さんや周囲の人の目から見た状況なので、できれば実際にやってもらう形式のほうがより詳細なことがわかります。

知能検査は田中ビネー式知能検査やウェクスラー式知能検査が一般的ですが、他にもさまざまな種類の検査があります。中にはことばを使わず該当する絵などを指差す、見本と同じ模様を積み木などを使って組み立てていくといったものもあります。

また、ことばの発達を調べる検査や発音の様子を見るための検査といった特定の事項についてより詳しく調べる検査もあります。何を調べるかもさまざまな検査があるため、専門家はお子さんの状況をより理解するためにいくつか検査を組み合わせて行うこともあります。

このような検査をすれば当然、親としては結果の数値がとても気になると思います。もちろん医師はこのような検査結果を参考に診断をしますし、福祉の判定なども数値を基に下されることが多いものです。

しかし、検査結果などで発達年齢や精神年齢、そして知能指数が何を意味しているかがよくわからないままイメージで数字を見てしまうと危険な面もあります。

このような検査で例えば発達年齢や精神年齢が出て〝○歳×ヵ月〟や〝○ヵ月の遅れ〟と言われることがあったとしても、これはあくまでも目安であり、いくつかの指標を平均化した値です。得意なことと苦手なことに差がある場合、この年齢で考えてもお子さんの状態を正確に表しているかは微妙な面があります。これは発達指数や知能指数についても同じことが言えます。

むしろ大切なのは課題をどのような方法で解こうとしたか、わからないとしたらどんなヒントを出せばできそうか、といったその子の物のとらえ方や考え方です。つい親が「どうしてそんなことをするの？」「なんでこれができない（わからない）の？」と思ってしまうことでも、子どもなりの理由がちゃんとあるものです。

検査後、親御さんたちに感想を聞くといつもとは違うわが子の姿を見て新たな発見があるようです。もちろん静かで余計な物がない空間なので、家などで全部同じようにするというわけにはいきませんが、どう声をかけたらいいか、どんなことが得意なのか、どんなことに気をつけたらいいのかといった具体的なヒントが得られるそうです。

こちらから気づいたことや日常生活でのアドバイスもお伝えしますが、やはり親御さんが自分の目で見て「ああ、こういう面があるのか！」と新たな発見があることこそ、検査をする本当の意味があるのでは、と私は考えています。

私たちはつい自分の考えだけで物事を見てしまいがちですし、まして自分の子どもとなると自分の延長としてとらえてしまうきらいがあります。ところが「どうしてわからないの？」と親が訴えてくることの大半は自分が特に意識せず理解できたことです。つまり自分と違う理解の仕方をしているため、親は何がわからないのかがわからないから戸惑うのです。

それと同時に検査への抵抗感の陰には最近、親に対する育児のプレッシャーが増していることがあるのでは、と感じることもあります。検査といわれて自分の子育てを否定されていると思ってしまい、余計受けたくないということになっているのかもしれません。

支援者側も検査を受けるのはいいことだという思いを押しつけるばかりではなく、親の不安や悩みを聞き取り、その上で検査の意味などを話せる人を増やす必要もあるとつねづね感じています。

4 発達障害だったらどうしたらいいの？

治療的な考えを教育に取り入れるのが療育。お子さんに合った幸せの形を時間をかけて模索していきましょう。

「療育」とは、子どもの特性に合った対応をしていくこと

このところ、相談業務や管理していた掲示板などで「発達障害だったらどうしたらいいの？」と質問されることが増えてきました。以前は「このままことばが増えなかったら？」「おむつが取れなかったら？」という具体的な話が多かったのに、マスコミで発達障害のことが紹介されるのが増えるにつれてこのような不安が親御さんの中で出てきているのかもしれません。

確かに今まで障害と無縁の生活を送ってきた人にとって、「障害」ということばはかな

りショッキングな響きです。わが子は無事大きくなるのだろうか？　これから何をしたらいいのだろうか？　周りの人になんて言ったらいいの？　いろいろな疑問が頭の中を駆け巡ると思います。

でも、少し考えてみてほしいのです。障害なら何か特別なこと（＝療育など）をしなくてはいけない、反対に障害がなければ何もしなくていい、ということはないはずです。いいことをしたらほめる、いけないことをしたら注意する、その中で社会で生きていくのに必要なことを伝えていくのは育児をしていくなら当たり前のことです。ただ、そのやり方に少し工夫が必要ということなのです。

専門家の指導と言われるとものすごく特別なことを期待されることがありますが、療育というのは治療的な考えを教育に取り入れていこうというものです。そもそも療育ということばは「治療教育」の略称です。

治療的な考えと言われるとそれはそれで不安になるかもしれませんが、発達検査や知能検査の結果や子どもの発達段階を参考にきめ細かい対応をして成長を促していく働きかけをすることを指しています。

子どもの特性に合った対応をしていくものですから、障害のない子どもにも応用できます。実際、私も知り合いのお子さんたちと遊ぶ上でこの視点はとても役立っていますし、子どもたちも親御さんが驚くほど豊かな反応をしてくれます。むしろ発達障害ではないお子さんのほうが反応が早く、効果も大きいのでは？　という印象があります。

まずは親の意識改革から

そうは言っても療育はとても手間がかかります。変化もゆっくりです。そのため親御さんも焦ることがあるかと思います。また、発達障害のお子さんはそうでない子どもと大枠では同じように発達しますが、時間もかかるし、発達の順番も異なっていることがあります。

発達障害と一口に言っても個人差がとても大きく、いくつかのタイプに分かれます。例えば私のようにことばを話す前から文字を覚えてしまう子どももいれば、読み書きに困難を抱えているお子さんもいます。一般的な教育の枠には収まりきれないところを専門的な知識で補う必要があります。

診断はその特徴を分類するためのものであり、特徴と上手に付き合っていくための理解や支援をもらうために行われます。それが差別を受けるものであってはならないと私は思っています。

発達障害があると就労や結婚といった成人後の課題があることが現在クローズアップさ

れています。私も就労し、夫と暮らし始めてから今年で17年になりますが、決して平坦な道ではありませんでした。

しかし発達障害であってもさまざまな工夫をしながら仕事と家庭を何とか両立しつつ暮らしています。今後いろいろなノウハウが蓄積されていくことで、もっと多様な支援が一般的になっていくことでしょう。

逆に考えれば、障害があるから不幸になるとは限りません。お子さんに合った幸せの形を、時間をかけて模索していただけたら、と思います。

もちろんこのような考えにはすぐにならないかもしれません。親御さんの中には障害に対する否定的な感情を消すことができずに悩まれている方もいらっしゃいます。障害のある子どもたちを育てるということには、それまでのやり方では解決できない問題がたくさんあるでしょう。そういう意味では親の意識改革が迫られることがあります。

自分の経験からも言えるのは、小さい頃から自分の特徴を理解してもらえることでずいぶん楽になった面もあるし、進路決定について自分で考えることができたということです。決してバラ色ではありませんが、絶望的なものでもありません。

いろいろ工夫できる余地はたくさんありますから、たとえそうだったとしても「もうダメだ」という絶望だけはしないでほしいと願っています。

5 成長するにつれて他にも何か問題が出てくるの？

ことば以外の道具も使って、ことばにつながるものを少しずつ結びつけていく働きかけをしていきましょう。

ことばには主に４つの機能がある

ことばが遅いお子さんがいらっしゃる場合、親は大きくなっていくうちに問題なく大人になっていくのではという楽観的な気持ちと、反対に学校へ無事通えるのだろうか？　就職したり結婚できるのだろうか？　という不安な気持ちが交互に訪れます。

まず〝問題〟という表現が抽象的ですし、もう少し具体的に考えてみましょう。この手の話題の場合、話が漠然となってしまう大きな理由は先が見えない、誰にも明確にこうだと言えないことだからです。

親として悩むのはまず保育園や幼稚園での生活についてでしょう。ことばが遅れていることで先生や友達とのやり取りに支障が出ないか、スケジュールなどについていけるかといったことが心配事として考えられます。ただ、ご家族と話をしていて私が感じるのは多くの方がことばの機能をごく一部しか認識していないことです。

ことばの機能は主に４つあります。①コミュニケーション、②記憶の手段、③思考の手段、④行動のコントロール手段です。もちろんことば以外の手段を使うこともありますが、ほとんどの人がことばを使っていると思います。たいていの方はコミュニケーション手段としてのことばは認識していますが、他の３つの機能に対してはあまり意識していないようです。

ことばの遅れがある場合、コミュニケーションが取りづらいということがまず考えられます。つまり、質問に答える、相手の状況を察知する、共感するといったやり取りの中で育っていく能力については周りの人が工夫して関わることが必要になります。

また、考える力を伸ばすためにもことばの力が必要になります。こう言うと難しく聞こえますが、国語や算数といった教科を学習するにはある程度、筋道を追って考える作業が必要です。実物から学べることもありますが、ことばという記号に置き換えることで目に見えない物事を考えていく能力を育てていく訓練をしているのです。

ことばで順番を追うのが難しいのなら、絵カードや写真といったことば以外の手段を使って順序や物事の過程の変化といった概念を教えていく方法もあります。

記憶についての役割があると言われると意外かもしれません。例えばバスは乗り物、犬は動物といったカテゴリー分類は実物をもとにしていますが、ことばがあるとさらにスムーズにいきます。

ことばの機能を上手に組み合わせる

ことばが便利なのはさらにいろいろな基準で物事が整理しやすくなることです。りんごを例に挙げると、食べ物であり、果物であり、おいしいものであり、好きな物、赤いもの……などというようにさまざまなイメージが浮かびますが、こうやってことばを使うとそのことばから連想が広がっていきます。このように物事を思い出しやすいように分類・整理することも、ことばの大切な役割なのです。

行動のコントロールは危険予測や未来のことをイ

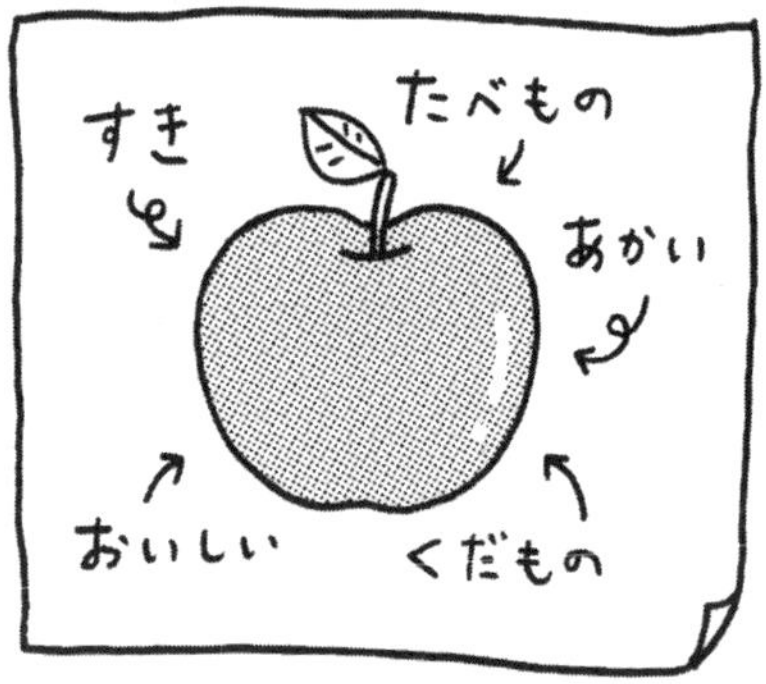

ことばから物をイメージする

メージしてみると、ことばの果たす役割がわかってくるかと思います。危険を教えようとするとつい大人は「危ないでしょ！」「走らないで！」といった表現をすることが多いでしょう。しかし、これをことばを使わずに絵などで表してみるとどうでしょうか？

考えてみるとわかりますが、危ないこと、走らないことそのものを絵で表すのはとても難しいのです。交通安全の絵などがありますが、おそらく説明書きや状況設定の理解がなければ何を示しているかわからないでしょう。走るなどの禁止も、走っている絵に×を付けることが多いでしょうが、×は記号ですから言語的な概念を含んでいます。

そのため絵カードなどを使って指導する際には、絵が意味している前提の意味を教えていくことはとても重要になります。つまり絵カードのルールを具体的に使っていく中で伝えていくことでルールという抽象的なものを考える土台にしていくのです。

問題というとどうしてもネガティブなイメージになりがちですが、先にも述べたようにことばはあくまでも道具なのですから、他の道具を使ってみよう、という発想の転換をすることでカバーできることがあると思ってもらえると嬉しいです。その中でことばにつながるものを少しずつ結びつけていく働きかけをしていきましょう。

6 どこに相談すればいいの？

◆相談する内容の優先順位をつけ、エピソードなどを交えながら具体的に話をしましょう。

相談したいことの優先順位をつける

わが子のことばの発達が心配で不安になったけど、一体どこへ相談したらいいのだろう？　と悩む方が多いかと思います。ネットなどで調べても地元以外の場所の情報だとあまり当てにならず、ますます悩んでしまうこともあるでしょう。

このような場合、かかりつけのお医者さんに相談するか、もしくはお住まいの自治体の広報や住まいの便利帳などを見て、そこに書いてある保健センターや保健相談所などに電話してみましょう。手元にない場合はパソコン等で検索して自治体のホームページを探すと、同じように探すことができます。

保健師さんが話を聞いた上で発達相談の日程などを教えてくださいます。希望すれば訪問などもしてくださることもありますから、日常で困っていることを箇条書きにしてまとめてみましょう。

このときぜひお願いしたいのは、まず困っていることを、気になっている順に書くようにすることです。そしてそう感じる具体的なエピソードを書き添えるようにすると、なお相手に伝わりやすいと思います。時間も限りがあるのでぜひ相談したい項目に優先順位をつけてみてください。

保健センター以外には発達障害者支援センターもあります。こちらは都道府県や政令指定都市が設置しており、発達障害の人や家族に対して相談や支援を行うための施設です。ただし現在どこも窓口が混み合っているため、場所によっては相談まで数ヵ月待つことがあります。また地域や事業によっては他の年齢層への支援が優先されることがあるので、まずは電話などで問い合せてみましょう。

専門病院などの医療機関も各都道府県に必ず1つはあるはずですが、こちらも大変混み合っていますし、たいていの所は紹介診療制ですから医師の紹介状が必要になります。かかりつけ医から紹介状を書いてもらう場合は、自費（3000〜5000円程度）になります。

気楽に相談できる相手がいるといい

一番大事なのは一人で抱え込まないこと、できたら複数の話し相手を作ることです。専門家はもちろんですが、学生時代の友人・知人や地域の人たちで挨拶したり、ちょっとした世間話ができる間柄の人はいますか？　育児をしていると多忙を理由にお付き合いが限定されがちですが、たまに会ってしゃべることができることが意外に育児のストレス発散になります。

もちろん話してもすぐに理解してもらえないときや、「あなたの育て方が悪い」と一方的に非難されることもあるかもしれません。しかし中には丁寧に話を聞いてくれる人やことばを交わすことで気が楽になる人もいます。そういう方を見つけて交流するよう心がけましょう。

7 他の子のおしゃべりを聞くとつい焦ってしまいます。

「こうあるべきだ」という親の信念が焦りを生みます。まず自らの子育てへの考え方を見直してみましょう。

ことばに関心を持つような働きかけをする

わが子と同い年、しかも誕生日が近い子がペラペラ話していると、親としては焦ってしまうことでしょう。「男の子のほうがおしゃべりは遅くなるから」「うちの子も遅かったから」と周りの人からは慰めるつもりで言われたりしますが、それも場合によってはかえって傷ついてしまうこともあるかと思います。

おしゃべりが遅いお子さんの場合、いろいろ理由があるものです。よく観察することで見えてくることもあります。ぜひ考えてほしいのが、こちらのことばに対してどのくらい関心を示しているかということです。これには歌といったものは除きます。

子どもによっては知的な能力とは関係なく、音声言語の役割に自力では気づけない子どもがいます。大人が積極的に関わったり文字などからことばは他の環境音や音楽とは違う特別な音なのだということを気づかせる必要があるのです。

実は私自身もことばを話し出すのが遅かったのですが、音声を聞き取る力が弱かったことと、人への関心が薄かったことから話し声の重要性に自分では気づいていなかったようです。3歳頃に療育を受ける機会があり、それがきっかけで絵本の文字とことばのつながりに気づいたことで、文字からことばを覚えました。おそらく親が音声言語にこだわって文字を見せなければ、私がことばを覚えたのはもっと遅くなったでしょう。

この経験からも、心配すると同時に何をしたら子どもはことばの存在に気づき、ことばをコミュニケーションの中で使っていけるようになるか、という視点を持ってほしいと思います。

話しかけたときにどのような反応があるのか、同じようなことばかけでも言い方がちょっとでも変わっていたら通じないのか、怒っているときに何について怒っているかが親にも伝わっているか、といったことをできたら日記やノートなどに記録しておきましょう。

「こうあるべきだ」に縛られていませんか？

冷静に子どもを見ていくことで案外「気づいたら前よりもこんなことができてきた」「こんなことに興味を持っている」といったことが見えてきます。そのことで「子どもなりのペースがあるのだからよその子と比べても仕方ない」と腑に落ちてくるものです。

また、親御さんたちと話しているとお子さんへの理想像がものすごく高くて「それはこの年齢のお子さんにはちょっと難しいのでは？」と思うことまで要求していることがしばしば見受けられます。今の親御さんたちは兄弟の数も少なく、わが子が初めて密接に世話をする乳幼児であることがほとんどです。経験が少ないだけに「子どもはこうあるべき」「母親はこのくらいできなければ失格」といった理想ばかりが先走ってしまい、少しでもそのレベルより下になるとものすごくストレスを感じてしまう印象があります。

自分の信念で自分を追い詰めていないか、よその子が気になる理由は何かについても整理していくことで「実は自分の問題だったんだ」と気づくことができるようになります。焦るときほど「相手がこうなってくれたらいいのに……」とつい思いがちですが、そう感じてしまう自分の考え方を変えるほうが楽になれます。

それでも解決できない問題があって専門家に意見を聞きたいというときは、ぜひ先に述べたような相談事業を活用してみてください。

8 どうもことばがはっきりしません。これって遅れているの？

子どもは周囲の人の発音を聞いて学習します。その過程で誤った発音を身につけてしまうことがあります。

たいていは癖のようなもの

子どもが話し始めの頃は慣れないとなかなか内容を聞き取りにくいものですが、３、４歳くらいになると大半の子どもたちはかなりはっきりとした話し方をするようになります。私たちは話し方を大人たちから意図的に教わったことはほとんどありません。実は母語の発音は、周囲の人の発音を聞いて試行錯誤で学習していくものです。

ところが試行錯誤していく中で本来の音と違う発音のやり方を身につけてしまうことがあります。もしくは出したい音に必要な動きができず、他の動かし方で代用していることもあります。

　ことばの遅れのために発音がはっきりしないこともありますが、たいていのケースではことばの遅れというよりは一種の癖のようなものです。ある程度トレーニングをしてもらうと治っていきます。

　相談で一番多い音がカ行、サ行、タ行、ラ行ですが、実はこれらの音は舌の動かし方をかなり細かくコントロールする力が求められます。しかし、口の中、とりわけ舌の動きは外から見ることができないため、正しい位置で発音しているかは自分も周囲の人もわかりづらいのです。親も自分がどんな風に音を出しているかを理論的に知らないため、子どもに教えるにしても方法がわからないものです。下手に教えるとかえって癖を強化することになりかねません。

発音トレーニングは就学前までに始めるのが理想

発音にターゲットを絞った指導をする場合、ぜひ言語聴覚士などの専門家に一度相談して評価をしてもらってください。保健センターなどに言語聴覚士がいない場合は日本言語聴覚士協会のホームページから近くの病院や施設を検索することができます。また、地域の小学校のことばの教室では就学前のお子さんの指導を受け入れているところもあります。幼稚園や保育園の先生方が情報を持っていることが多いので、「発音が気になるので、一度詳しい人にみてもらいたい」と相談してみてください。

できたら就学前までに発音のトレーニングが終わっていると、就学後の音読課題などについて自信を持って取り組めることが多いようです。

9割の子どもたちは6歳までに日本語の音を体得し、発音できるようになると言われています。細かい指示を理解する力が必要なので4、5歳前後から本格的な指導を開始しますが、私はそれより前の年齢のお子さんには食事や遊びの中で意識的に口を使ってもらうようアドバイスしています。

9

4歳を過ぎているのに文字や数字に興味を持ってくれません。

文字や数字を使いこなすための理解力を育てることが最初のステップです。

1文字ずつ分解して理解する

文字や数字の学習と一口に言ってもさまざまな段階があるので、まずそれについて確認してみましょう。文字や数の概念の学習は3歳前後から準備段階に入ります。この頃から「ネコという単語は『ね』と『こ』という2つの音でできている」といった音の細かい違いや数について関心を持ち始めます。同時に子どもは自分の持ち物など名前が書かれているものを見て「これは自分の名前だ」と気づいてきます。

ただしこの時点では1文字ずつの判別がついておらず、「いぬの『い』といすの『い』

が同じ音だ」と気づいてさらに文字の違いを細かく見分けるまでにはもう少し時間がかかります。子どもは単語の塊で覚えているため、1文字ずつ分解できることに気づいてもらうことが次の段階になります。

幸い日本語は特殊音節（きっての「っ」など）を除いて1音節に対して1文字で表す言語なので、手を叩きながら単語に含まれる音の数を確認する、〇番目の文字は何？　といった練習が可能です。面白いことに子どもは語頭音→語尾音→語中音の順番に理解します。

これらがスムーズにできるようになるとしりとりができるようになります。これは大体5歳前後が目安です。

1文字ずつわかってきても、音と文字がしっかり結びつくことや文字の中の音をイメージしながら読めるまでにはさらにステップが必要です。そのため、子どもたちは音読ができるようになっても何度も読み返したり、大人が読んでいるのを聞き直さないと内容の理解が難しいことが多いものです。

数の存在に気づかせること

数字についてもまず数の存在に気づき、順番に数える、量の多少や数について少しずつ興味が出てくることで世界が広がってきます。数がわかるというとつい大人は「いくつあるか答える」ことばかりに気を取られてしまいますが、同時に数が変わること＝数は増減し変化するといったルールが、何となくでもわかっているかも実は大切なことなのです。トランプなど数字が入ったゲームができているかも重要なポイントになります。

文字や数字は記録や思考の補助手段として生み出された記号です。記号がわかるにはまず記号を使いこなすための理解力を育てることが遠回りのようで近道になります。どのくらいまでわかっているか、まず現状を把握しておくようにした上で次のステップを考えてみるといいでしょう。

10

助詞がなかなか出てきません。

文法の基本を意識して発語するよう働きかけていきましょう。

文の構造への意識が低いことが多い

子どもたちが意識して助詞を使うようになる目安は5、6歳前後と言われています。それまでは暗記で話しているため、助詞の機能を理解しているわけではありません。同様にこのくらいの年齢で意識し始めるのが語順や主語・述語といった文法の基本となる言葉のルールです。

これらのルールを使うためにはある程度の発話量が必要ですし、1つの文章に主語、述語、目的語といった要素を含むことばが入らないと成立しません。逆に言えば単語や2語文前後の発話では助詞の機能をそれほど意識しなくてもいいのです。

このような相談をされるケースの場合、たいていは1文あたりの発話が短い、あるいは思いついた順に話しているため文の構造に関する意識が低いことが多いです。例えば「大きい赤い車」というカードがあったとしても「大きい車」「赤い車」とだけ答えてしまうか、「車！　赤くて大きい」と答えることが往々にしてみられます。もちろん1つずつ「何色の車？」「どんな赤い車？」と聞けばほとんどの子が言えなかった要素を答えてくれます。つまりつなげれば一度で言えることを意識していません。

親子で一緒に文法を確認するといい

同様に「お母さんがパンを食べる」といった文章でも「お母さんが食べる」「パンを食べてる」という答えになりがちです。

そのため「○が×を□する」「×を○が□する」といった文型を紙に書き、イラスト等で確認をしながら主語と目的語などを整理していきます。

また、年長クラスのお子さんはよく助詞を誤用することがあります。これはやはりある程度試行錯誤で覚えるものですから頭ごなしに「ダメでしょ」というのではなく、「どちらがわかりやすいかな？」といった確認をしながら本人に考えてもらうことも必要です。

案外、大人でも国語の授業で日本語文法はほとんど学んでいないため説明が難しいものです。母語というのは感覚で習得している方が大多数のため、理屈で説明しようとすると「あれ？　なんでそうなっているのだろう？」と悩んでしまうと思います。

感覚でわかっていることを説明する自信がない方は、日本語文法の本なども出ていますから読んでみるといいかと思います。日本語教育のテキストなども参考になります。

《参考文献》
小池清治『現代日本語文法入門』ちくま学芸文庫
小池清治『日本語はどんな言語か』ちくま新書

第2の部屋

ことばを通して社会性を育てる

1 何度言ってもこちらの言うことを聞いてくれません。

なぜダメなのかを、ことばと行動を結びつけて説明すると、子どもは自分の行動に自信を持つようになります。

してほしいことを伝える

何度も繰り返し言っているのに全然聞いてくれない——これは本当によくある訴えです。内容によっては命に関わることだけに、親にとっては切実な悩みでもあります。

危険防止などのためにチャイルドロックなどをかけても子どもたちは親がやっているのをよく見ており、いとも簡単にロックを外してしまいます。親がお菓子などをいくら戸棚などの高いところに隠しても、だんだん知恵がついてくると椅子などを持ってきて高いところの物を取るといった工夫をします。

ここで親御さんがよく言う注意のことばかけに注目してみましょう。「危ないでしょ！」「そんなことしたらダメよ！」「落ちたらどうするの！」といった類のことばが多いかと思います。残念ながらこれではお子さんには本当にやってほしいことが通じないかもしれません。

理由は簡単です。例えば「危ないでしょ！」は危険の概念がよくわからないお子さんにとっては言われても意味がわかりません。子どもは実際に目にしたり体験したこと以外は危険というのは目に見えません。子どもは実際に目にしたり体験したこと以外は行動に結びつくだけの理解をすることは難しいものです。

しかし実際に怪我などをして危ない目にあったらそれでは遅すぎます。ですから、親がやってほしいことをまずシンプルにお子さんに伝える工夫をしてみましょう。道路に飛び出しそうなときには手をつなぎながら「止まって！」と声を

実際にやってほしいことを一緒にやる
→できたらほめる

かけて実際に立ち止まる、お店で勝手に物をいじって壊しそうなら「そーっとね」と言いながらそっと物を触れるよう介助するというように、動作とことばをペアにしてことばと実際にやってほしい行動を結びつけるのです。

子ども自身の気づきを促す

「うまくいくのかしら?」と不安に思う方もいらっしゃるかもしれません。もちろん一度でうまくいくことはほとんどありませんし、何度も声をかける必要があります。しかし、多くのお子さんの場合やるべき行動がわかれば驚くほどこちらのことばを聞いてくれますし、わかりやすいことばをかけてくれる大人を信用してくれます。

実際、相談業務中にお子さんが私の筆記用具等を勝手にいじろうと手を伸ばしたとき、多くの親御さんは「ダメでしょ!」と声をかけます。しかし私は「『これ、いい?』って聞こうね」「『貸して』だよね」と言います。すると子どもたちはハッとして「いい?」「貸して」と聞いてくれます。

もう少しことばの理解があるお子さんには「あれ? これは○○ちゃんの?」と聞きます。たいていのお子さんは「違う。これ先生の」と言います。

そこで私が「そうよね。じゃあ、先生の物、黙っていじっていいのかな?」と尋ねると

「あ、ダメだ」と言って手を引っ込めます。自分から筋道を立てて考えることはまだまだ難しい年頃ですが、考えるよう促せば自分で気づけるのです。そこでできたことをほめられると子どもたちは自分で考え、行動できたことについて自信が持てます。

人のものをいじろうとして注意され、手を引っ込めるという点では同じ結果かもしれませんが、子どもに自信をつけるか叱られて自信喪失体験をさせるかではずいぶんその後の行動などには差がつくでしょう。

3～4歳以上のお子さんなら「そういうときどうしたらいいのかな?」と聞くと大半の子は「(先生に)いじっていいか聞くの」とことばでは解決策を答えられます。しかしその場面になったとき実際に行動できない子どもたちも多いのです。ですからただことばで言い聞かせるだけではなく、実際の場面でことばと行動を結びつける手助けは欠かせません。できないのならできない理由を探り、できるようこちらも工夫していきましょう。

2 落ち着きがありません。

落ち着きのなさが年齢相応のものなのか、そうでないのかを、周りの意見も聞きながらよく観察してみましょう。

落ち着きのなさの程度を見極める

落ち着きがない、ということばも相談の現場ではよく耳にします。元気なのは子どもらしくて微笑ましいものですが、静かに話を聞いてほしい場面で落ち着かない行動を取られると親としてはいたたまれない気持ちになるのもまた事実でしょう。

これに関しては年齢やお子さんの状況によってかなり意味合いが変わってきます。また、親御さんが求めている〝落ち着き〟とはどの程度のものなのかを合わせて考える必要もあります。

３、４歳前後までの子どもはもともと集中できる時間が短く、遊び方も触覚中心です。視覚や聴覚は物の認識に使いますが、それをじっくり使って遊ぶには大人のリードが必要です。

気が向けば何度もしつこいくらい繰り返して遊びますが、何かの拍子に他のおもちゃなどが目に入れば今まで遊んでいたおもちゃを放り出して次のおもちゃへ突進していきます。それは遊び相手についても同様です。

またこのくらいの年代の子どもたちは好奇心旺盛です。初めての場所へ行ったら探検したくなり、親がちょっと目を離した隙にどこかへ行ってしまいます。どこかへ一緒に出かけたときに迷子になることも珍しくありません。

この年代は不慮の事故による怪我が多いため、大人もそれを前提において対応することが大切になります。ですからこのくらいまでの年齢のお子さんに必要以上の落ち着きを求めることには無理があります。いつもおとなしく遊ぶことはない、突拍子もない行動をすることがある、逆に急に大人しくなったらとんでもないいたずらをしていることもあり得る、と考えることも必要です。

保育園や幼稚園での様子を聞いてみる

しかし4歳を過ぎても危険がわからず車道に走って飛び出してしまう、おもちゃや床に落ちているものをろくに確認せずに口に突っ込んでしまう、物を見たらなんのためらいもなくパッと手を出してしまうといった行動がある場合は、一度よく様子を観察してみる必要があるでしょう。保育園や幼稚園の先生たちにも家の様子を伝えて、園での様子とどのくらい違うのかも確認してみてください。

この場合はルールの存在を理解しているか、理解していても他に気をとられることがあるとルールを忘れてしまうのか、保育園や幼稚園といったパターンが決まったところだと守れるけど家庭の自由時間のようにルールが定まっていないところだとフラフラしてしまうのか、といったことを確認する必要があります。

またこの年齢より前でも、1歳半を過ぎても歩かない、歩けていても親から離れても振り返るなどして親の存在を意識しない、親が呼んでも振り返らない、知らない人に話しかけられてもまったく人見知りをしない、ボールを転がして遊ぶといった簡単なおもちゃなどを使って遊べず、部屋の中をフラフラしているということがあったら、ぜひかかりつけ医に事情を話して紹介状を書いてもらい、子どもの発達に詳しい専門家に相談してください。

3 会話が噛み合いません。

会話のルールを教えることも大事ですが、コミュニケーションの楽しさを一緒に体験できる工夫も必要です。

そもそも会話は複雑で難しいもの

会話をしようにも、自分が話したいことだけ一方的に話すけどこちらが質問をすると途端に黙ってしまうことが子どもにはあります。また、全然関係ない話をする、「今日、保育園（幼稚園）で何したの？」と聞いても答えられない、こちらが意図したのとは全然違った答えが返ってくるといったこともあります。

実は会話というのはかなり高度なスキルを組み合わせています。親御さんが相談のときに「せめておしゃべりができるといいのだけど」とよくおっしゃいますが、私が「おしゃべりって難しいんですよ」と伝えると、皆さん不思議そうな顔をされます。

おしゃべりは日常の中で突然始まります。もちろん始める側には始める理由があり、それを相手に伝えたいからこそ話し始めますが、相手側に話を受け取るだけの前提となる情報やスキルがなければ成立しません。

さらに受け手が話を聞いて自分が知っていることや感じたことを相手に返します。ところが話し手と受け手が交代することが前提なので、これがわからないと一方的に話をする状態になってしまいます。

話を聞くにはまずルールの理解に加え、話を聞いて自分が知っている情報から適切なものを引き出し、ことばに置き換えて考える能力が必要です。このルートのうちどこか1つでもうまく働かないと会話に答えられなくなります。

わからないことを聞かれた場合でもわからないことを伝える、話の内容を推測して考える、わかるために必要な情報を質問して聞き出すといった対応ができるかも大事になってきます。

そして話し手と受け手がどんどん入れ替わり、情報が次々と変化していくのが会話です。状況によっては話が突然終わったり戻ったりしますから日常会話はかなり複雑なのです。話の筋を覚えていないとたどれませんから、話を要約する、大まかな内容を記憶する、記憶した内容から情報を引き出して推測する、相手の反応を見るといったことが必要になります。こうした作業を同時並行でやっていくのですから、私が「難しい」と答える理由がおわかりいただけるかと思います。

子どもが答えられない質問をしていませんか？

お子さんと会話ができないと思ったら、まずどの段階でつまずいているのかを確認することが大切です。会話の前提ルールがわからないのか、話を聞いて理解する段階でつまずいているのか、ことばに置き換えることが難しいのか、話の筋を追えないのか、過去のことを思い出せないのか、会話の中で丁寧に探っていくことで見えてくることがたくさんあります。

また、相談業務をしていると親御さんがお子さんの能力以上に難しい質問をされていることがあります。例えば3歳台のお子さんに「今日は何をして遊んだの？」「今日は誰と遊んだの？」「給食何食べたの？」「明日何するの？」と聞くのは、かなりレベルの高い質問です。

3歳前後までは直前のことや答えが大体同じ内容になる質問（例：お名前は？　年は？　今日誰と来たの？）が答えられる段階であり、子どもたちはよほど印象が強いもの以外は

参考：質問ー応答検査

質問の段階（前半）

どっち？：1/2 選択
どれ？：1/3 選択
これは（何）？　～する／しない？（現前）
↓
・〇〇はどこ？（現前）
・この人は誰？（現前）
・誰と来たの？（現前）
↓
・何に乗って来たの？（少し前のこと）
・ご飯たべた？（いつもの習慣＋少し前のこと）

あまり覚えていません。時系列も曖昧で、何ヵ月も前のことを昨日のことのように語りだすかと思えば、ついさっきやっていたことをかなり前のことのように話したり、全然覚えていないこともよくあります。

ですから聞く側も絵カードや写真、イラストといったヒントになるものを用意して聞く、朝の集まり、給食、帰りの集まりといったほぼ毎回行うものの有無を聞く、よくやりそうな遊びや項目を挙げてみるといった、子どもが答えやすくなる工夫をすることも大事です。

わからない、あるいは答えられない質問をしつこく聞きだそうとすると子どもたちは責められたととらえてしまい、質問されることを怖がるようになります。

質問に答える練習は会話の力を伸ばすためにもとても大切なことです。ぜひ楽しくコミュニケーションが取れるよう周りの大人も心がけてみてください。

4 思い通りにならないと所かまわず大声で泣き叫びます。

思い通りにならないこともあると理解させると同時に、子どもへの関わり方を変えることも必要です。

親の都合もきちんと伝える

思い通りにならずに大声で泣かれても、家でならある程度仕方ないと割り切れますし、子どもが泣きやむのを待って言い聞かせることもできます。しかしスーパーや公共の場でこれをやられると親としては切なくなります。何より周囲の人たちの冷たい視線から、自分は親失格だと責められているような気持ちになっていたたまれない気分になり、つい子どもの言うことを聞いてしまったり反対に厳しく叱りつけてしまい、さらに罪悪感を持ってしまうことになります。

でも子どもが泣くからといってそれは親の育て方が悪いわけではありません。子どもだっていつも笑っていることはありえません。ですから考えてほしいのは、子どもが大声で泣き叫ぶ理由です。

例えばいつもは聞き分けがいい子が、外出先で欲しい物があると大声で泣き叫ぶことがあります。それはかつて似たような状況だと親が根負けして買ってくれたという経験があることが多いです。

子どもの叫び声は遠くまで聞こえますし、危険なこともありますから、必ず大人は駆けつけてくれます。つまり子どもは自分が大声で叫べば大人が自分の要求に答えてくれる可能性があることをよく知っているのです。ですから大人側も子どもの思惑に流されず、世の中には思い通りにならないことがあることを教えるつもりで根気強く接してほしいし、「こちらにはこちら側の都合がある」「それぞれの都合があるという面では対等の立場だ」という気持ちでいてほしいと思います。

親の立場としては子どもの言い分を聞けないことを心苦しく思うかもしれません。でも100%子どもの言うことは聞けません。子どもはその瞬間を生きていますから、長い目で見たら今は我慢すること、優先順位を決めて他は後回しにすることといった、ものや情報の整理の仕方を教えていくことがとても大事になります。

親以外の人に注意をしてもらうと効果的

この相談のようなケースには、ことばで感情を表現するのが苦手なお子さんが多い傾向があります。そのため思い通りにならない状況ではますますことばで説明できないので、泣き叫ぶというパターンで乗り切ろうとするのです。または他の方法を知らない、他のやり方をする必要性を感じていないということも理由として考えられます。

この場合は親も根気強く接していくと同時に、できたら第三者にも大声で泣き叫ぶのは不適切なことだと教えてもらうことが有効なことが多いです。親の場合はどうしても感情的に叱りつけたり根負けして子どもの要求を聞いてしまいがちですが、第三者は冷静に接することができる分ストレートに情報を伝えられます。

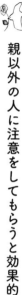

今は近所の人から注意されるといった経験を積みにくい状況ですが、注意をしあえる人間関係を親も意識して作っていくことも大切だと思います。私にも子どもがいる友人・知人がいますが、たいてい子どもたちは私に一度は注意されています。それでも親御さんとの関係が続けられるのは親御さんたちが私のことを信頼してくれていることが大きいです。

もしかしたら育児に対して一生懸命になるあまり、他人の意見を聞く余裕がなくなって、言動を注意されたのに自分のすべてを否定された気持ちになってしまうことがあるかもしれません。言動を指摘されたのであって存在を否定しているのではないと考えを切り替え、「行動を変えるには何が必要か」ということに焦点を絞ったほうがいい結果を生みます。ここで大切なのは子どもを変えようとするよりは自分の行動をどう変えるかという視点で考えてみることです。

他人の視線が気になることもあります。中には冷たい視線を向ける人もいますが、案外「子育て大変そうだな」「お父さん、お母さん頑張っているな」という励ましの視線かもしれません。つい悲観的になりがちですが、だんだん育児の状況は変化していきます。5年後振り返ってみると「なんであんなことで悩んでいたのだろう?」と思うことがほとんどです。

具体的な対応については本書「第3の部屋」以降で述べていきますが、子どもたちが「思い通りになるはず」という思い込みを「自分の思い通りにならないこともある」「交渉や妥協も必要」という方向に変えられるよう、大人もことばと同時に行動で伝えていくことが必要になります。

5 待っててと約束しても勝手にどこかへ行ってしまいます。

お子さんは約束の内容を理解していないのかもしれません。具体的にどう行動してほしいかを説明しましょう。

約束の内容は具体的に

どうしても手が離せないからここにいてほしいので「ここにいてね」「動かないでよ」と約束したのに、ちょっと目を離したすきにいなくなっていて慌てて探し、ようやく見つけると子どもはケロッとしていて、親としてはホッとすると同時にぐったり疲れてしまいます。

ここで大切なのは約束はお互いの合意が一致していないと成立しないということです。ですからそもそも約束の内容を子どもが理解しているかも大きな問題になります。

私は親御さんが「きちんと」「ちゃんと」「しっかり」「普通」と言い出したら「具体的には？」「どのくらいやれているとそういう状態と言えるんですか？」と質問することにしています。

このように質問されると初めて親御さんたちは「ああ、私は自分が子どもにどうしてほしいか漠然としか考えていなかったし、わかるように説明していなかったかも」と気づかれます。約束は目に見えません。どう行動することを親が望んでいるかをとてもよく察知してくれるお子さんがいる反面、かなり具体的に基準や内容を伝える必要があるお子さんもいます。

「待つ」にもいろいろある

ここで大切になるのはお子さんが「待つ」ことをどのレベルで理解しているかです。「待ってて」と言われたらその場所を動かずに本を読む、おもちゃなどで遊ぶ、商品を眺める、列に並んで順番が来るまで静かに立っているという自分がやるべきことをイメージできなければ子どもは待つことができません。

例えば「ここで待っててね」という場合、子ども本人が欲しい物や遊具などを待っているようなときは比較的待てるお子さんが多いようです。それは他の子が食べていたり遊んでいるのが目に見えること、そして列がだんだん進むことで子どもたちも目的や待つ必要性、そしてどのくらい待てばいいかがわかりやすいからです。

一方でスーパーなどで親御さんが「ちょっとここで待ってて」と伝えてどこかへ必要なものを買いに行くような場面では待てずに他の場所へ行ってしまう、あるいは大泣きして母親の後を必死に追いかけることが多く見受けられます。

つまり後者では子どもたちは自分が待つ理由やメリットがよくわからない、あるいは母親がなぜ自分を置いてよそへ行くのかがよくわからないかもしれません。子どもも側からすれば突然母親がいなくなる、という状況はとても不安なものです。また、スーパーなどは子どもにとっては魅力的な品物がたくさんあり、そちらに気を取られて親の言うことよりもそちらを見たくて仕方がないのもよくわかります。

中には「親がいつも買い物をしているのに付き合っているんだからわかるんじゃないか」と言われることもあります。しかし、他人の立場から物事を考えられるようになるのは大多数のお子さんは5歳以降です。ですから「待ってくれ」ばかりではなく「今ここで、何をしてほしいのか」をもっと具体的に考えて頼むことも必要かもしれません。

それでも待てない、あるいはどうもことばの理解が難しいようでしたら、保育園や幼稚園の先生たちに様子を聞いたりしてみた上で専門家に相談してみるのもいいと思います。

6 保育園（幼稚園）の先生から対応に困っていると言われました。

お子さんの状態を正確にとらえることが先決です。その上で保育園や幼稚園と相談して対応を工夫しましょう。

一対一では問題がない場合が多い

毎日元気に通っていると思っていたお子さんのことで先生たちから突然「対応に困っています」と言われたら途方に暮れてしまいますよね。私のもとにも「家では特に問題ないのに、保育園（幼稚園）の先生から一度ことばの相談に行ってほしいと言われて……一体どうなっているんでしょう？」と当惑顔の親御さんがおみえになることがあります。

こういうお子さんの場合、一対一だと比較的落ち着いてやり取りができることが多く、発達評価などをしても平均すると年齢相応の結果になることがよくあります。他のところに相談などに行っても「様子を見ましょう」と言われることもあるようです。

ところが会話などをしてみると、自分の興味あることについては大人顔負けの知識がある反面、興味がないことを聞かれるとこちらの質問を無視して一方的に自分が話したいことだけを話す、年齢相応のルールに沿った遊びができないことが多い傾向が見られます。

また、会話をしているとことばの表現が独特で、こちらが丁寧に補足質問をする、子どものペースに合わせてじっくり聞き出すといった個別対応が必要なことが多いです。ルールやスケジュールに関する質問も曖昧でよく覚えていない、整理整頓がうまくいかない、クラスの子どもたちとやり取りがうまくいかずに手が出てしまうといった問題も確認していくと出てきます。

保育園や幼稚園の先生と協力体制を！

そしてこのようなお子さんに多いのが、保育園や幼稚園で先生の一斉指示やことばの裏にある暗黙の意図がわかりづらいということです。自分一人への声かけなら「自分に対して言っている」ことがわかりますが、先生がクラス全員に指示をすると自分も含まれていることに気づかないことがあります。つまり、自分から話を聞く態度を作る必要があるのです。

この背景には、ホールや教室といった広い場所だと音声が拡散するため話し声が聞き取りにくくなることもあります。災害時などの防災放送などが聞き取りにくくなる状況を想像してもらえばわかりやすいかと思います。

対応としては一斉指示のあとにもう一度確認してもらう、ルールやスケジュールについて表などを作って視覚からも情報入力してもらう、やり方を細かく区切って順序を追って指導するといったことが挙げられます。本当にちょっとした支援で変化することがあるので、家でも工夫してみて、先生方にも「こうやってみたらうまくいきました」「どうもこういうことが苦手みたいです」と具体的に伝えるようにしてください。

ただ、こういうときに相手を責めたり言い負かすような言い方はやめてください。むしろ先生方と協力していきたいという気持ちを前面に出すようにしましょう。

先生方が親に悩みを打ち明けるというのは本当に困っているからこそです。改善策はいろいろあります。ぜひお子さんのためにもご両親と先生方が協力していくことを優先させてください。

そしてどうしてもうまくいきそうにないときなどには上手に間に立ってくれそうな人を探して相談してください。上手に話し合える関係を作ることが何よりも問題解決につながります。

私もご相談を受けたときには「ことばの先生がこう言っていたから、とお伝えください」とお願いしています。時には先生方と個別に話し合いをさせてもらうこともあります。するとお互いが同じ現象を全然違う視点でとらえているために起こる誤解が必ず存在しています。お子さんの状況をとらえ、対応を考えることも大事ですが、同時にその誤解を解き、情報共有していくことがいい方向につながるようです。

7 お友達とルールを守って遊べません。

一方的にルールを教え込もうとせず、他人の存在に気づかせ、関わりの中で社会性を身につけさせましょう。

一番困っているのは誰？

せっかくだからお友達と仲良く遊んでほしいのに「一緒に遊んでいて、気に入らないことがあるとお友達を叩いてしまう」「お友達が遊んでいるものを勝手に取って行ってしまう」「順番を守らない」等々のトラブルは、親にとっては頭の痛い問題です。子ども同士のトラブルがきっかけでママ友たちともだんだん疎遠になることで、精神的に追い詰められてしまう親御さんもいらっしゃいます。

ここでいったん落ち着いて整理したいのは、今は何に困っているのか？　何を改善したいのか？　どうなるといいと思っているのか？　ということです。

私が相談にいらした親御さんに「この状況に一番困っているのは誰ですか？」と質問すると、たいていの親御さんはハッとして「あ……。私ですね」と答えます。そして一緒にお子さんに関することと親御さんに関することを分けて整理していくと、「ああ、私は子どもを変えよう、子どもに何かやらせることに躍起になっていましたが、まずは子どもが動きやすい環境を作らないといけませんね」と気づかれます。

私のところにやってくるお子さんの多くがルールの存在や必要性に気づいていない、もしくは自分の中のルール以外は認めない子どもたちです。自分と相手は同じように世の中を見ている、感じている、自分の思い通りに世の中は動いていると信じて疑っていません。私もかつてそうでしたが、少しでも違うことは許せないのです。ルールを教えることの難しさはここにあります。

仕事外でお会いする子どもたちは幼くても相手の動きをよく観察し、子どもなりにその場のルールを理解して行動しています。相手には相手の都合があることを、何となくではあっても前提として動いているのです。でも、これは教わって身につけたものではない分、親御さんはお子さんに教えにくいものですし、多くの親御さんは「ここはできている」ことを想定しています。この差が厄介なのです。

大多数の子どもたちは子ども同士でやり取りしていく中でこのあたりの妥協点を探っていくことを学びますが、それが身につきにくい子どもたちがいることをまず理解することが第一歩です。

人との関わりの中でルールを学ぶ

そもそも場のルールというのは自分と相手が違うことを前提にしています。一種の妥協案でもあるし、仮定を伴うものが多いのです。「こういうことを守ることでこんなメリットがある（期待できる）」というのは仮定ですから、目には見えません。

大人の発達障害当事者と話していてもこのあたりの理解は難しいです。例えば私の夫は発達障害の当事者ですが、私が「○○だったらどうするの？」と聞くと「そんなことは実際起こっていないからわからない」と答えることがあります。私が期待しているメリットの部分を理解してもらうには、前提条件から論理的に説明し、時には図や本などの資料を示してようやく納得してくれます。しかしこれを子どもに全部行うのは無理な話です。

でもこの方法を応用させることは可能です。例えば子どもにわかりやすくことばかけをする、タイマーなどを使って終了時間を明確にする、マークを付けて子どもがしまいやすいような収納にするといった工夫だけでも子どもがルールに気づいて行動しやすくなります。そのことで周りの様子に気づく、関わってくれる他人の存在に気づき、そして関わりが生まれてくるのです。

そうは言っても、他のお子さんたちとの関係をどう維持するかも親御さんにとっては大きな問題です。公園などに行ってもお友達と遊べないことで肩身が狭い親御さんも多いものです。

そういう方は学生時代の友人知人など、今の人間関係とは離れた関係の人に話してみましょう。人となりを知っているので、アドバイスをくれるかもしれません。またネットで同じような立場の人を探すと今はホームページなどで情報を得ることができます。掲示板などを利用することも気持ちを整理するにはいいかもしれません。ただ、いずれにしても向き不向きがあるので同じ立場の人と話をしたいのか、あえて違う環境の人とやり取りしたいのか、自分の気持ちを確認してみることが大事になります。

多くの親御さんが懸念し、恐れているのは孤立化による孤独感です。焦ることで余計うまくいかなくなることを防ぐためにも建設的な話ができる人とやり取りしてみるといいと思います。

8

お友達と喧嘩になってしまいます。

喧嘩は悪いことと思い詰めるのはやめましょう。周りの人の協力を得ながら子どもへの対応を考えていきます。

喧嘩はダメ、という思い込み

この相談も前の項目と同様、親としては悩ましいものです。友だちとは仲良く遊んではほしい、相手を傷つけるようなことは言ってほしくない……いろいろな思いがぐるぐる心の中を巡って「本当にこんなことで大丈夫かしら?」と不安になってしまいます。

でもちょっと待ってください。本当にみんなと「仲良く」なんでできるでしょうか? 大人でも誰とでも仲良くなんて不可能です。「みんな仲良く」「いつも明るく」といった小学生の頃のスローガンを思い出すにつけ、「絶対に無理だよ」と思いますが、真面目な方ほど小さな頃に言われた理想を追求しようと育児を頑張りすぎるきらいがあります。

もちろん喧嘩をしないに越したことはありません。しかしあまりにも自分がこうあってほしいという気持ちを押し付けていないか、一度自分の気持ちを確認してみることが大切です。

喧嘩をすることで子どもたちは妥協することを学びます。自分とは違う考えを持つ人と遊ぶという目的を果たすために何が必要か考えていくことは、将来仕事や結婚をする上でも大事になってきます。そしてもしかしたらそれは親御さんにとっても同じことかもしれません。

日本人、特に女性は争いごとを避け、自分を抑えるように教育されています。でも、喧嘩の理由は何かが明確になっていくと、時には相手に改善を求めないといけないときもあります。ママ友グループなどになるとかなり難しいかもしれません。でもあまりそれに縛られないことも時には必要だと割り切ることも大切だと、多くの親御さんと接していると感じます。

お父さんたちにお願いしたいこと

まずどんなときに喧嘩になるのか、経過を追って整理してみましょう。そのとき、小さな子どもはことばでは説明できませんし、親が「～なんでしょ？」という聞き方をすると実際は違っていても「うん」と言ってしまうため、要注意です。できたら第三者からも話を聞くようにしましょう。厄介なのは自分と相手の見方が違うのに、誰も喧嘩の状況を見ていないときです。このようなときは「こちらもできるだけ見ているようにしますので、よろしくお願いします」と伝えた上でよく様子を観察するようにしましょう。

男性は意外とこの手の話題にはあっさりしていることが多く、お母さんたちがお父さんに悩みを訴えても「大丈夫だろ」「そのうち収まるさ」「子どもなんて喧嘩しながら大きくなるもんだよ」とにべもない対応をしてしまいます。結果としてお母さんたちの不安は解消されず、ますます追い詰められてしまいます。

この手の相談でお父さんたちにお願いしたいのは、自分の意見をはさまないでまずお母さんたちの話に耳を傾けてほしいということです。そしてこういうときにお母さんたちは「どう思う？」と聞いてくるでしょうが、この言葉を真に受けて自分の意見を言ってはいけません。ますますこじれるだけです。

お父さんたちにお願いしたいのは「まず何があったのか、話を聞かせてくれよ」と言って、時系列で話を整理する手伝いをするつもりで耳を傾けることです。そして自分の意見を押し付けず、お母さんたちが自分で意思決定できるよう、背中を押してあげるつもりで対応してください。

「時間がないから」「自分だって疲れているから」という気持ちになるかもしれませんが、5～10分でもじっくり話を聞いてもらえるだけでもたいていの人は気持ちが楽になるものです。逆を言えばたった5分や10分を惜しむあまりに、その後の人間関係を捨ててしまうのはあまりにもったいないとは思いませんか？　つい面倒くさいという気持ちになりがちですが、そこはお互い踏ん張ってほしいと私は願っています。

そしてこのような対応は他の方、例えばお友達、保育園や幼稚園の先生方といった支援者にも適用できます。あらかじめ「今は5分しか聞けないけどいい？」と伝えた上で話を聞く、どうしても聞けないときは「このときなら聞ける」「連絡帳などに書いてもらえませんか？」といった代替案を提示することも必要です。

ただ、この手の問題の場合、日頃相談できる人間関係がないことが根本にあることも多いのです。親御さん自身がコミュニケーションが苦手な場合は、自分の状況を整理するつもりで保健センターや相談事業などの行政サービスを使うことも視野に入れてみるといいと思います。

9 行事になかなか参加できません。

いつもと違うスケジュールに子どもはとまどいます。事前に「変化」を丁寧に説明するようにしましょう。

「普段と違う」のは大きなストレスになる

保育園や幼稚園に入ってみると毎月のように何かしら行事があります。春は遠足、夏はプールやお泊まり会、秋は運動会や文化祭、冬はクリスマス会、そして3月のお別れ会など、主なものだけでもこれだけあります。毎月お誕生日会をする園もありますし、たいてい大きな行事の前後は練習もあります。

行事が楽しみな子どももいれば、行事が苦痛な子どもがいるのもまた事実です。私も子どもの頃、行事が嫌いでどうして普段と違うことをこうしょっちゅうやらないといけないのだろう？　と疑問に感じていました。

行事に参加できない場合、一番大きな理由は「普段と違う」ということです。時計やカレンダーなどがわからない時点ではそんなに先の見通しは立ちませんから、いつもの生活の流れが突然変わることになります。変化が苦手なお子さんにとってはこれはとても大きなストレスになります。

行事があるのはいつもとスケジュールが変わることです。また、未体験のことを集団の中でやることも子どもにとってはストレスになる可能性があります。運動会などはいつもの用途と違う目的で園庭を使いますし、普段顔を合わせない保護者たちも大勢やってきます。

「変化」を事前に知らせ、事後にフォローする

もちろん行事を経験することで成長する面も大きいです。チームワークなどを学ぶいい機会にもなりますから不必要だとは思いません。親にとってもわが子の成長を実感できるうれしいひとときでもあります。

しかし、何も配慮なしにいきなり「今日から練習します」「さあ、この行事に参加しなさい」と言われても戸惑い、抵抗を示す子どもがいることも忘れてはいけません。逆に考

カレンダーなどで事前に予定を知らせる

えれば時間の流れや順番などを教えるいい機会です。親も先生たちと協力して事前にできるだけ準備しておきましょう。

例えば子ども用のカレンダーを1つ決めておきましょう。そして行事の日に印をつけておくことから始めましょう。習い事やよく見るテレビ番組などをカレンダーに記入し、あらかじめスケジュールの流れを意識してもらいます。

そしてどこかへ行くのであれば、そこの写真やパンフレットなどを見せる、事前に何度かお弁当を持って出かけ、公園などで食べる練習をする、といった経験を積むことも行事に慣れるためには大切なことになります。意外に多いのが屋外のトイレが臭いなどのために使えないといったことのように、普段支障がないことでもちょっとしたことでできなくなるケースです。原因を考えて対応を考えていきましょう。

運動会で難しいのはピストルの音が苦痛、歓声が苦手といった感覚的なものと、徒競走などのコースを守って走ることが難しいといった競技に関するルール理解が困難という2

通りの理由が考えられます。前者の場合は静かな場所へ待避するといった対策を先生たちにお願いする、後者なら集団での練習以外にも個別で練習する時間を設けてもらうことや、留意すべきことを1つずつ確認しながらルールを丁寧に伝えていくことが必要になります。

終わったあとも写真やパンフレットなどをスクラップし、時系列に並べてみましょう。特に順番がわかりづらいお子さんや「昨日何したかな?」と聞かれてうまく言えないお子さんにはこのような振り返りをすることで思い出しやすくなります。手間がかかるかもしれませんが、写真を整理するつもりで取り組むと成長してから思い出を手渡すときにスムーズに行くと思います。

嫌がる理由を知ることも大事

10 こんな状態で学校へ行けるの？

子どもの成長を見守り、自尊心を育てるためにベストな学校はどこかを考えるのがポイントです。

成長は長いスパンで考える

親としてあれもできない、これもできない、と思うとつい「こんな状態で学校行っても大丈夫かしら？」と心配になってしまうことがあるでしょう。ことばの相談でもよく質問される話題です。

はぐらかすようですが日本では就学義務がありますから、親は子どもを学校へ通わせないといけないことになっています。ですから「どこかの学校へは行けます」というのが正確な答えです。むしろ親御さんが気にされているのは「通常学級へ行けるか？」ということでしょう。

残念ながら未来のことはわかりませんから「就学までにできるだけのことをしましょう」とお答えすることが多いです。成長途上の子どもたちですし、お子さんにとってわかりやすい支援をすることでずいぶん変化することも多いため、長い目で見ていくことはとても大切になります。

もちろんこの質問は特別支援学校や特別支援級への差別があるわけではなく、純粋にいろいろ不安な気持ちから聞かれることとです。ただこの質問をされると「通常学級へ行くことが幸せとは限らないし、逆もしかりなのに……」という気持ちにもなります。今は通級指導教室や交流学級などさまざまな支援制度もあります。何がわが子にとっていいのかをよく考え、世間体や自分の見栄を捨ててわが子と向き合ってほしいと願ってやみません。

また、それと同時に通常学級の先生たちへは「あともうちょっと声をかけていただけるといいのだけど……」「もう少しわかりやすく掲示してくれると助かるのだけど……」と思うことがあります。このあたりはまだ教師個人の力量に頼っていることが大きいようです。

「自己肯定感」を育めるかどうかが大事

学校を決める際に悩んでいる親御さんには見学会に出かけてみることをお勧めしています。そしてそこで一番考えてほしいのは「子どもが毎日通ってメリットがあるか」ということです。できたらお子さんも連れて行って馴染めそうかどうか様子を確認してみるといいでしょう。

学校へ通っても1日中よくわからないまま、あれこれ指示されて行動しないといけない状況を想像してみてください。それはとても苦痛なことです。授業だってわからないままどんどん進んでいったら勉強も楽しくありません。

そうなると自信がなくなってしまい、自尊心が育ちにくくなります。いろいろな人と接して感じますが、自立していく上で「自分はこれでいいのだ」という自己肯定感は核となるものです。1日のかなり長い時間を過ごすだけに学校選びは時間をかけてじっくり考えてほしいと思います。

一方で最近、通級指導教室や特別支援学級、そして特別支援学校への希望者の増加に伴い、なかなか希望通りの進路選択ができないケースも出てきています。また、知的能力が高いために通級指導教室を断られることもあります。

このようなケースの場合、授業や学校生活を送る上でのルール理解や休み時間の過ごし方、学校へ行くための準備や後片付けといった見えにくい問題を抱えていることが多いものです。しかしこれらは就労後の問題につながるだけに、できれば小さいうちから親御さんや先生方にも気をつけて接してもらいたいと思っています。具体的な方法などは「第３の部屋」以降でご紹介していきます。

第3の部屋

ことばのコミュニケーション能力を育てる

1 保育園（幼稚園）のことを質問しても答えられません。

質問の内容を理解していないことがあります。お子さんの理解度に合わせて質問の仕方を工夫してみましょう。

質問がわかっていないケース

3歳を過ぎて子どもたちが保育園や幼稚園に通い始めると、親御さんたちから「園の様子を聞いても全然答えてくれないんですよ。どうもあやふやで」といったことを相談されることがあります。

そのような子どもたちと会話をしていると、名前や年齢といった比較的よく聞かれる質問には答えられます。ところが「誰と来たの？」「今日はみんなで何人で来たのかな？」「どうやって来たの？」といった、状況によって変化する質問になるととたんに返答が難しくなります。

「どうやって来たの?」が難しいお子さんには「何に乗ってきたの?」と聞き方を変えますが、それでも答えられないこともあります。そこで乗り物の絵カードを用意して聞くと大半のお子さんは「ああ、そういうこと聞いているの?」と理解して適切なカードを選んでくれますが、中には好きな乗り物のカードを選ぶため、新幹線や飛行機で来たことになるお子さんもいます。

ヒントを出して質問をわかりやすくする

つまりこのようなケースでは、こちらが質問している内容がよくわかっていないということになります。ですからわかるような手助けが必要です。

私は紙にイラストや文字で答えた内容をかき、ひと通り答えてもらった後でお子さんと内容を確認しながら「こうなんだよね」と振り返ります。すると親御さんも「ああ、こうやると子どもにも伝わりやすいんですね」「わからないとあきらめないで、こうやってヒントをあげるといいんですね」と言ってくださいます。

保育園や幼稚園のことになるとさらに答えるのが難しくなります。理由は目に見えない過去の出来事であること、そして何を答えたらいいか、この質問だけでは漠然としていることが考えられます。

答えられないお子さんには「給食（お弁当）食べた？」と聞くとたいていのお子さんは答えてくれます。または「朝のお集まりした？」「帰りのお集まりした？」といった、園で必ずすることを聞くと思い出してくれることが多いです。ただ中にはもっと具体的に「先生とおはようって言った？」と聞いたほうがいいこともあります。

それを答えてくれたら今度は時間軸でやったことを確認していきます。朝の集まりから昼食、そして帰宅までの間に何をしたかを考えてもらいます。そして徐々に細かい内容について質問するようにしています。

子どもたちが質問に答えるにはステップを踏んでいく必要があります。そして子どもたちが話しやすいヒントを上手に出せるよう、大人も少しだけ子どもの立場になって考えてあげてください。

時計がわかるお子さんだと時間で聞くと正確に答えてくれることもあります。このようなお子さんの場合、朝、昼、晩といった曖昧な時間軸だと答えられないこともありますから、時計と絡めて教えたほうがいいことがあります。お子さんの理解度に合わせてこちらも質問の仕方を工夫することも大切です。

2 質問しても不適切な返答をします。

わかっているはずという思い込みを捨て、どこまでわかっているのか？　という視点で状況を整理しましょう。

大人と子どもの会話のパターン

この相談は2歳後半から3歳前後くらいから増えてきます。「自分のペースで話すにはそれなりのことをしゃべってくれるのに、自分が話したことですらこちらから聞くと答えられなくなるんです」と親御さんは困惑顔で私に訴えてきます。

こういうときに私が指摘するのは「質問の意味をよく理解していないのでは？」ということです。質問は質問した人の意図や質問の意味がわからないと適切に答えられません。

話ができるようになった子どもと大人の会話をよく聞いていると、子どもが自分のペースで話し続けるのを大人が時おり相槌を打ちながら聞いている場面と、どちらか（多くは大人ですが）が質問し、その応答をしていくやり取りといったパターンに分けられます。

子どもたちと会話していると一見よく話していてもこちらの質問に答えるのが苦手なお子さんがいます。名前や年齢などはよく聞かれることもあってか答えられますが、それ以外の項目になると難しくなるようです。

ことばの意味の変化が理解できない場合

例えば「今日誰と来たの？」と聞いてから「みんなで何人なの？」と私が聞いたとします。最初の質問で一緒に来た人を確かめていますから、次の質問では一緒に来た人の人数を聞いていることがわかります。

ところがこの質問をすると「歳はいくつ？」と聞かれて答えられる子でも、家族の人数や幼稚園や保育園のクラスメートの名前を答え出すことがあります。つまり「みんな」ということ

状況によって「みんな」の意味は変わる

ばだけに反応して答えているのです。みんなは状況によって変化することばですから、そのときの意味を理解していないと答えられません。

ですから答えられないお子さんには、私は指を出して「まず○○ちゃんでしょ？　それから誰と来たんだっけ？」と一緒に来た人を確認しながら指で人数を確認します。すると大体のお子さんは「あ、数のことを聞いているんだ」とこちらの質問を理解してくれます。ただ、指で数を聞かれると年齢のことを聞かれていると勘違いしていることもありますし、単位がよくわからないこともありますからそれも確認することが大切です。

質問の意味理解が悪いお子さんに多いのが、1つの質問に1つのパターンで対応してしまうということです。しかし会話や質問というのは背景にある状況を理解できなければおかしなやり取りになってしまいます。

親御さんも自分が当然わかっていることだけに、なぜわからないかがわからず途方に暮れてしまいます。まず「このくらいはわかっているはず」という思い込みを捨てて「どこまでわかっているのか？」という視点で状況を整理していくようにしましょう。

この「3」は「3歳」？
それとも「3人」？　「3つ」？

3 あっち、そっちと言って指差ししてもそちらを見ません。

指差しに対するお子さんの行動をじっくり観察して、何がわからないのかを考えてみましょう。

指差しはコミュニケーションの前提ルール

最近本や雑誌などで「自閉症の子は指差ししない」と紹介されることが増えたこともあり、指差しに関する相談はとても多いです。しかし、指差しにも複数の意味があり、指差しをする／しないで自閉症かどうかを判断するのは早計だと私は考えています。

もちろん指差しが理解できるのはコミュニケーションにおいてとても大事なポイントになります。そもそもなぜ指差しが重要なのかを考えてみましょう。

一般的には指差しの理解は生後10ヵ月前後から始まり、自分からも1歳前後でできるようになると言われています。親が指差した方を見てその先の対象物に気づくという行為は専門用語では共同注視と言ってコミュニケーションが育っていく上では重要な行動とされています。

指差しというのは不思議な行為です。たいていは指している人差し指と対象物の間には空間ができています。大半の人はこの空間の間に線が見えています。これは言葉のやり取りでも前提となるルールです。つまり私たちは自分と相手の間に目の見えないつながりがある、という前提ルールのもとで会話をしているのです。ですから指差しがわかるというのはコミュニケーションの土台となるルールに気づいている証拠のため重要なのです。

ところが中にはこのルールになかなか気づかない、気づけない子どもたちがいます。他にも近くのものだとわかるけど、遠くのものだと見えない線を目でたどれないお子さんもいます。また、よく観察していると自分が欲しい物は指差しして要求するけど、「○○はどれ?」と聞かれたときには指差しをしない子どもや、周囲の他人の指差しにはまったく反応しない子どももいます。

実際に物を介して理解させる

まずお子さんが指差しに対してどのような行動をしているか、そして自分から指差しを

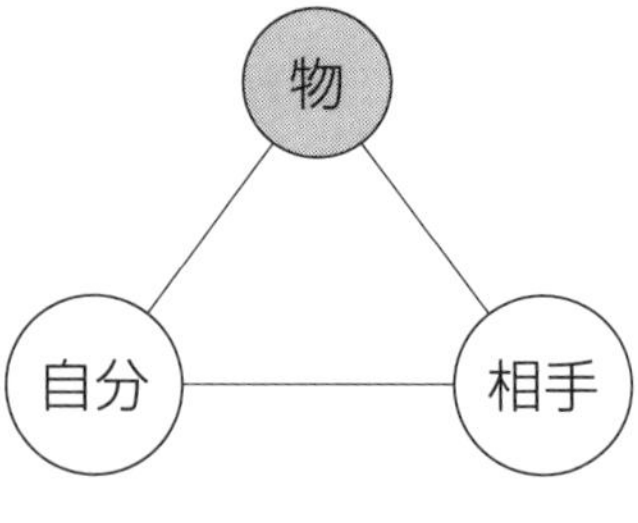

指差しは三項関係の理解と関わる

するのか、するとしたらどんな場面でするのか、といったことを確認しましょう。もしも指差しをしていないお子さんでしたら、誰かの手を取って対象物のところまで持っていこうとするか（クレーン反応といいます）、手で何となく物を指している（手指し）といった指差しの前段階の行動をしているかも見てください。

　指差しの意味に気づいていないお子さんの場合、物を介したやり取りが大事になります。欲しい物があったときに大人に働きかけようとするでしょうか？　もしもしないで勝手に椅子などを出して物を取ろうとするのでしたら、よく食べるものなどのパッケージを取っておいて紙などに貼り、それを見せてから実物を見せる、そのパッケージが貼ってあるカードを取ってこちらに渡すといった関わりを促してみてください。

　最初は怒るかもしれませんがそうやることで自分の要求が通ること、人と関わることのメリットを理解してもらうことが理解への近道になります。

　また、ボールやミニカーの受け渡しといった目にみえる物で人と繰り返し関わる楽しさや必要性を伝えることも大切です。見える形がわからなければ、見えないものはなお一層難しいとまず大人も認識しましょう。

遠くの物だとわかりづらいお子さんの場合、大人が何を指しているかことばでヒントを出しながら探してもらう、隠れているものを探す絵本などを一緒に読んでみる（好きなキャラクターだとやる気も出やすいです）といった物を見る練習をすることをぜひやってみてください。

物を見る能力は遊びや運動を通して身についていきます。大人からみると無駄な動きに見えるものでも成長していく上ではとても重要なことも多いのです。ぜひお子さんの動きをじっくり見てお子さんが何がわからないのかを考えてみてください。

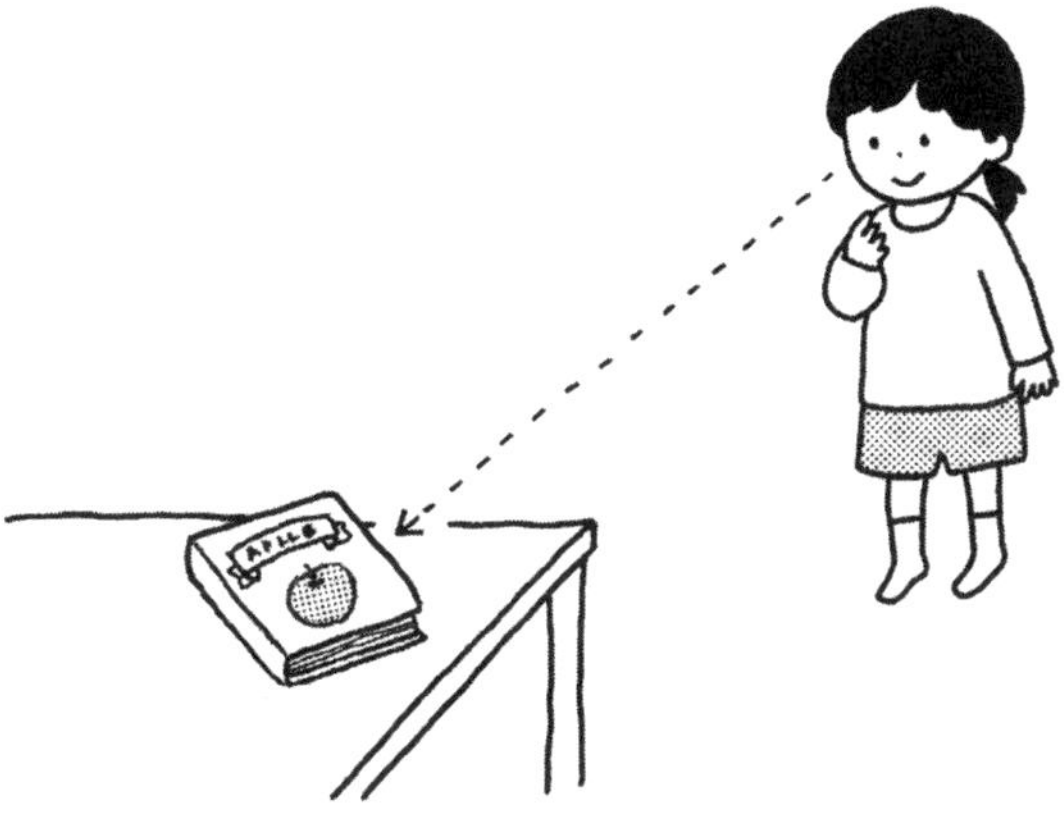

目で物をたどるのが苦手な子もいる

4

ことばの意味を誤解していることが多いです。

◆ことばの感性を尊重しながらも、正確なコミュニケーションが図れるようにルールを教えていきましょう。

1、2歳頃によく見られる状況

子どもたちと会話をしているとことばの意味が限定的なこと、あるいは反対に拡大解釈していることがあります。

例えば子どもの中には「パン」というのはいつも自分が食べている種類のパン（食パンやロールパンなど）だけがパンだと思い込んでいることがあります。つまり他のパンのことを「パン」と説明されてもそれは本人にはパンではないため、混乱してしまいます。

また、反対に女性をみんな「ママ」、お菓子を「チョコ」と言ってしまうというように、特定のことばを本来の意味以上に広げて使っていることがあります。「違うでしょ」と周囲から指摘されてもなかなか通じないことも多いです。

このような状況は「第1の部屋」でも述べたようにことばを話し始めた1、2歳台で多いのですが、中にはそれ以降でも出現することがあります。あまり頻繁に出現するとコミュニケーションに支障が出てしまいます。

例えば何に乗ってきたのか確認するため、車の絵カードなどを見せながら「車で来たの？」と聞いたとします。たいていの子どもは来所手段について聞いており、車に乗って来たのなら自分が乗ってきたものと車種や色などが違っていてもそれを選ぶでしょう。ところが子どもの中には自分が乗っているのと違う車種や色だと「違う」と答える子もいます。子どもの側からすると自分が乗ってきたものではない車だから「違う」と答えていますが、電車や自転車のカードなどの中から選ぶとしたら、ここでは車のカードを取るのが一番適切な反応だというルールが理解できないために生じた行動です。

カードを使って分類課題を行う

私は指導の際には絵や写真のカードを使って分類課題を行います。例えばいろいろなパンや食べ物のカードを用意し、カテゴリーごとに分けていくのです。するとお子さんがどう認識しているかわかりやすくなります。中には少しでも形や色が違うと「違う物」ととらえてしまい、一般的な意味と違う分類をしていることがあります。まずそれを確認し、ルールを伝えることが必要です。

つい私たちは「同じことばは同じ意味とみんな思っている」「言っていることばの意味をみんなわかった上で話している」と認識しがちですが、まずその前提を疑ってみましょう。

大人においてもことばの定義が違うことで誤解や行き違いが生じることはありますし、それをいかに防ぐかはコミュニケーションを円滑にすすめる上では重要なポイントになります。

例えばわかりやすさを求めることは、一見聞こえはいいのですがそればかりでは余計な解釈が入りますから、「そんなつもりはなかった」と後でトラブルに発展する可能性があります。専門家が専門用語を使うのは、定義がはっきりしていて誤解の余地が少ないからです。一方でことばの定義を知らない人にとってはまったく違うとらえ方をしてしまうデメリットもあります。

ましてや子どもの場合、語彙も少ないですし、ことばの使い方が独特だと日常生活に支障が出てくることが多いものです。もちろん子どもの感性や世界は大切にすべきですが、話が通じないことでストレスが溜まってお互いがイライラしてしまっては元も子もありません。

わかっているか怪しいな、と思ったら周囲の人も確認し、場合によっては「○○ちゃんが言いたいことはこういうことかな?」と伝わりやすいことばで言い直すことも大切です。子どもたちも大人が上手に子どもの気持ちをくんだ表現をする、子どもが言いたいことを丁寧に聞いて引き出すといった対応をしていくことで適切な表現を身につけていきます。

5 会話が続きません。

親が先回りして子どもの発言の機会を奪っていることがあります。選択肢やヒントを与えて応答を待ちましょう。

理解と表出のギャップ

多くの親御さんが「会話が続かない」という訴えで問題にされるのは今までにも述べてきた「質問の意図がわかっていない」ことと、それに加えて「こちらが話しかけるとそれに答えてくれるが、それ以上の会話の発展がない」といったことです。

会話については、個人的な印象では3歳以降のお子さんについての相談で多い項目です。それまでは子どもたちは長い文章をあまり話せませんし、大人の側もそれほど会話ができると期待していませんから、問題があまり表面化しないということもあります。

会話が続かない場合、どちらかが1つの役割だけになってしまい、同じパターンで質問－応答が繰り返されています。たいていの場合、大人が一方的に質問し、子どもがそれについてポツポツ答えるというパターンになっていて、親御さんは「言われていることはわかっているようなんですけど……」と困惑顔でやって来ます。

このような場合、理解と表出にギャップがあることが考えられます。ですから選択肢をあげて考えさせると適切なものを選べますが、ノーヒントで表現してもらおうとするととたんに難しくなります。

選択肢やヒントを与える

ここで注意しないといけないのは、「わかっているから言えるはず」という思い込みです。人間は何も無いところから再生するより、いくつか情報を提示されて「これ」と思い出す再認の方がはるかにやさしいのです。そんなの当たり前、と言われそうですが子どもに対してはそう思っていない人が案外多いものです。

また、私が子どもたちと会話しているとよく横からどんどん親御さんたちが「○○よね」と答えてしまって子どもが何も言えなくなることがあります。言えないと「なんで言えないのかしら」と不思議がりますが、別な見方をすれば発言する機会を奪っているのはむしろ周囲の大人なのでは？　と感じることもあります。

私が「すみません。今△△ちゃんに聞いていますから、わからなくなったら助けてください」と断った上で子どもたちに選択肢やヒントを出しながら聞いていくと、思いがけない子どもの発言が出てきて親御さんたちが驚かれることがあります。

親はどうしてもわが子を自分と一体化させがちですが、子どもには子どもの立場や考え方があり、自分とは違う存在だと頭でわかってはいても子ども可愛さについ先回りして手や口を出してしまいます。わからないときに考えるためのヒントを与えることは大切ですが、意外にこのヒントを出すのが難しいものです。

ヒントが難しい一番の理由は何がわからないかが想像つかないことだと思います。子どもが何に困っているかは子どもの目線に立たないとなかなか想像しづらいものです。ましてや自分ができていることは、何気なくやっていればいるほどできている理由はわかりません。

案外、子どもの状態は自分以外の人と子どもがやり取りしているときにわかるものなので、一度お子さんが他の人と会話している状況をよく観察してみましょう。

6 自分のことばかり話してこちらの話に耳を傾けません。

会話で大事なのは、人の話をきちんと聴けるかどうかです。親御さんも一緒に会話を見直してみましょう。

私は透明人間!?

これもある程度ことばが話せるようになっているお子さんについて多い相談内容です。親御さんの中には「好きなことに関してはこちらがビックリするほどいろいろなことを知っているけど、自分が話したいことばかりしゃべってこちらの言うことを全然聞いてくれない」と訴えてくる方もいらっしゃいます。

実際、私がそのようなお子さんと会話をすると、ときどき自分が透明人間になったような気持ちになることがあります。「この子にとって、私は別にいてもいなくても関係ないのでは？」と感じてしまうほど、こちらの都合を無視して独り言のように自分の話をし続けるのです。一時的ならまだしも、ずっとこれが続いたら周囲の人にしたらたまったものではありません。

もちろんお子さん本人にはまったく悪気はありません。実は私自身このような子どもだったので、子どもの気持ちがとてもよくわかります。このようなことができるのは単に会話の必要性やルールを知らないからなのです。ただこのままではコミュニケーションにトラブルが生じる可能性があります。

「聴くこと」の大切さ

会話にはことばをやり取りすることが必要です。そのためにはまず相手が会話をしてもいい状況かどうかを判断し、場合によっては確認する必要があります。次に自分の話ばかりではなく、相手の話を聞く必要もあります。そして話を聞いてそれで終わり、ということはむしろ少なく、適切に話の内容を理解して答えることも必要です。相手に何か頼まれたらそれを実行しなければいけないこともあります。そのためには話の内容を理解し、それを覚えて行動と結びつけるという作業が必要です。

コミュニケーションではまず人の話を聴くことが大事になります。そのルールがうまくいかなければお互いの独り言に終始してしまいます。多くの人はこのルールに何となくではあってもある程度気づけますが、中には教えないと理解できない人もいます。

子どもがのびのびと自分のことを語るのは微笑ましいものです。一方でやり取りの原則がわからない場合、他人のことを意図しない形で傷つけたり振り回してしまうことがあります。社会の中で学ぶことを身につけるためにも最低限のことは知ってもらう必要があるでしょう。

同時に親の側も「自分は人の話を聞けているのか?」と今一度確認してみてください。コミュニケーションについて勉強してみて改めて感じるのは「いかに自分は人の話を聞いていなかったか」ということばかりです。

話を聞いているつもりでも自分が聞きたいことだけしか聞いていないか、相手の真意を引き出すような努力をしているかといったことも考えてみるといいと思います。

7

前に言ったことと話が食い違っていても気づきません。

子どもは嘘をついているとは思っていない場合がほとんどです。丁寧に聞いたり説明したりすることが必要です。

本人は嘘をついているとは思っていない

話が食い違ってくることについて気になるという相談は年中から年長くらいの年代から増えてきます。子どもたちの中でもこのくらいの年齢になってくると「嘘をつく」ということがわかってくるようになり、話の矛盾点に気づいたり、約束の意味も理解してきます。時系列も次第に理解してきますから、物事の一貫性にも触れてくることが増えてきます。論理的思考の芽生えが見られるのもこの頃からです。

もちろん子どもというのは気まぐれですから、その場で思いついたことを次々と言うことはよくあります。前に言ったことをよく覚えていないこともしばしばです。ファンタジーの中で生きている年代でもあるので、空想の中で答えていることもありえます。ただ、このくらいの年齢になってくると、丁寧に聞くと考えが変わった理由を説明したり、矛盾点を指摘すると「あ、やっぱり違った」と修正することもできるようになってきます。

ところが中にはこのあたりを指摘されても全然気にかけない、もしくはすっかり忘れてしまって前に言ったことを指摘されても思い出せないお子さんがいます。数回程度ならいいのですが、こちらが驚くほど過去のことを覚えておらず、その場限りの言動をしてしまうことがあります。

家族も「言うことがコロコロ変わるし、実際どうなっているかがさっぱりわからない」「本人がやりたいと言うから約束してルールを決めたのに、それをケロッと忘れて違うことをしてしまう」「お友達から嘘つきと責められてしまった」と本人に対して戸惑いや不信の念を抱きながら相談してきます。

ここで大切になるのは本人は嘘をつくといった悪気は全くない、ということです。その子はその場では本当にそう思っているから言うのです。ですからその子にとっては嘘をついていることにはなりません。

ことばの定義が曖昧な場合もある

大事なのは、言ったことはある程度続けないといけない、言ったことが守れないときは事情が変わったことなどを説明し、状況によっては相手に訂正したり謝るといった作業も必要になるということです。このあたりは親や周囲の大人たちから言い聞かされて徐々に身につけていくものですが、自分の気持ちの変化は目に見えないことだけに自分の状況をキャッチしづらい子どもたちもいます。

そして意外にあるのが、自分で言ったことがどういう意味で、どこまでやったら自分が言った意味と一致するのかがよくわかっていない、ということです。つまりことばの定義が曖昧なのです。このようなことも大多数のお子さんは当然のこととして理解し、習得していきますが、子どもによっては1つずつ確認しないと意味をとらえられないことがあります。

また約束をした内容とまったく同じことなら守れても、似たようなことだと同じことだと気づかないこともあります。こちらとしては「またやってる……」と思っても本人が違うことだと感じていれば食い違っていても本人は全然気になりません。

この場合も類似点と相違点を本人にわかるよう説明する必要があります。「ここは○○

と同じように考えるといいけど、△△はちょっと違うよね」といったヒントを出しつつ本人が自分で考え、実行できるようフォローすることが大切になります。

そのときはそう思っているから「嘘」ではない

8

筋道を立てて考えることが苦手です。

就学後は論理的思考が問われる機会が増えてきます。本や遊びなどを通して練習するといいでしょう。

言語化の過程でつまずくこともある

こちらも年中から年長前後のお子さんの親御さんから寄せられることの多い相談です。特に就学を控えた年長児の親御さんが心配になってくることでもあります。

就学後、学校の授業はことばでの指示が幼稚園や保育園に比べると格段に増えていきます。授業もことばを媒介にしていますし、論理的思考が問われます。その準備段階として「AだからBについてもCが成立する」といった手順を追って物事を考えたり推測したりする力が問われてきます。

筋道を立てて考えることが苦手なお子さんの中には言語化する過程でつまずいていることもあります。このようなケースでは絵や漫画などを使って話の流れや推測を考えて、それをことばで確認する課題を行うこともあります。言語だと難しくても他の手段ならできることもあるので、まずそれをしてから言語化し、筋道を追っていく手伝いも必要です。

ただこのタイプのお子さんは完成図といった全体像が見えないと、何をしたらいいかわからなくなることがあります。「これはどんな場面なのかな?」「こんなときはどうするのかな?」といった声かけをする、日付などを確認しながら写真などを使って旅行などの行動を振り返ってみる、お菓子や工作などを作る際には本を見て完成図と手順を確認し、実際の行動を照らし合わせながら進めていくといった、言動を意識化する手助けが有効です。

なぞなぞや絵本、トランプなどを使った論理トレーニング

また、なぞなぞや物を探す絵本といったことばから物事をイメージしていく作業も論理的に物事を考えていく練習にもなります。

もちろん直感的な思考力が大切なこともありますが、そういった思考はある程度の経験の積み重ねも必要です。同時に外れたときの対応も考えておくことが大事になります。うまくいかないときやわからないときにどうするか?　と考えるときにはさかのぼって筋道

を追わなければなりません。

　また、私が指導の合間によく行うのがトランプなどを使った簡単なゲームです。トランプは手順を追って行うゲームですから筋道を立てるいいトレーニングになります。そして、勝つためにはある程度方略が必要です。例えば神経衰弱でも「めくったカードの場所を覚えておくといい」「同じ数のカードは4枚しかないから2枚出たらあと2枚しかない」といった知識を応用させることで、より勝利に近づくことができます。

　もちろん他の方法でも学習はできますし、本人の興味があることから始めてみるといいと思います。

9

自分なりの表現で話しますが、言いたいことが伝わりません。

ことばの正確な使い方を教えると同時に、子どもが言いたいことを根気よく聞きだす気持ちが大事です。

使っていることばの意味の正確さ

発音などがはっきりしないことで話が伝わらないことはもちろんありますが、ここでは子どもなりに一生懸命考えていろいろ話しているのに、何が言いたいのかさっぱりわからないことについて触れていきたいと思います。

いくつか理由が考えられますが、まず確認すべきことは「ことばの意味を誤解していることが多いです」の項目（106ページ）でも触れた「ことばの意味をどうとらえているか」ということです。

本人が使っていることばの意味が本来のものと異なれば、相手にはなかなか伝わりません。もちろん一緒にいる大人は意味を推測することで理解できますが、ことばはある程度定義が共通なことが前提で成り立つコミュニケーション手段です。

また、このような表現をするケースの場合、とっさに適切な単語を思いつかないことが往々にして見られます。私が「つまり○○ってこと?」と聞き返すと「あ! それそれ」といった反応をしてきます。

表現のパターンを教える

文章でことばをつなげていくことが苦手な場合は、さらに個々の要素について聞いた上でこちらが文章のフォーマットを作りながら表現のパターンを伝えていくことも有効です。個々の単語などは知っていても、言い回しがわからずにうまく表現できないことがあります。このような場合は語彙の数が少ない、あるいは偏りがあることも考えられます。

興味をもつ場所も大多数の人と異なるとさらにややこしくなり、お互いに何を意図して話しているのかわからなくなることもあります。

この場合は大人の側も自分の思い込みを一旦捨てて子どもがどんな視点でこのことを話しているか、とことん付き合う気持ちでいろいろ聞き出してみることも大切です。

時に子どもの発想は大人のような固定観念を飛び越えて実にいきいきと自由なことがあります。それに関してはできるだけ大切にしたいと常々思っていますし、子どもたちが一生懸命考えて言ってくれたことばについては「ああ、そうなんだ」「そういう答え、いいね」といったフィードバックを返すよう心がけています。

子どもは適切な単語を思いつかないことがある

10 保育園（幼稚園）の先生とコミュニケーションが取れません。

子どもだけでなく、親のほうも園とうまくコミュニケーションが取れていない場合が往々にしてあります。

先生がすべてを把握しているわけではない

先生たちとどうもうまくコミュニケーションが取れていないとなると、親としてはどう関わったらいいか悩んでしまう問題です。子どもから様子を聞こうにもいっこうに要領を得ないし、先生が子どものことをどう感じているか正面きって聞き出すのも気が引けます。

思い切って「うちの子、大丈夫でしょうか？」と聞いてみても「大丈夫ですよ。楽しく通えていますよ」と返事されてしまうと、それ以上聞くのはかなりの勇気が必要になります。あまりしつこく聞いて事を荒立てるわけにもいかないし、どうしたものか……と途方に暮れてしまうこともあるかと思います。

時には子どもが登園を行き渋ることもあります。理由がわからないだけに親としては何が起きているのか、その場にいないだけに不安になってしまいます。お友達と何かあったのかな？　と一人で悶々と悩んでしまうこともあるでしょう。

ここで大切なのは先生がこの状況に気づいているかどうかです。気づいている先生の場合、たいてい親から話を切り出すと「実は……」と教えてくれることが多いです。また、他の親御さんの手前言いづらいときは個別に話ができる時間を設けて気になっていることを話してくれるでしょう。

しかし、先生にすべて気づいてもらうことを求めるのは、先生にとって酷なことでもあります。多くの保育園や幼稚園では年少クラスでも20人前後の子どもたちがいますから、家庭や個別指導場面のように細かくお子さんの様子を把握できるわけではありません。

おとなしいお子さんだとクラスの中で特に問題がなければ先生も意識することは難しいこともあります。内気なお子さんと思えばことばなどの問題には気づきづらいものです。発音なども「時間が経てばそのうち普通にしゃべれるようになるだろう」と楽観視していれば見過ごされる可能性もあります。

また、子ども同士の言い争いや喧嘩などは先生の目の前で行われていないと他の子の報告がなければ先生にもわかりません。そしてどの子も詳しい状況を全部見ているわけではないため、うまく状況を説明できないとどうしても不利になります。

お子さんのほうでも先生が好意で関わろうとしていることを「干渉された」と被害的にとらえてしまうこともあります。まずは情報を集めて状況把握に努めることが大切です。そしてたいていの場合、理由は1つではなく、いくつかの要因が絡んでいます。

まず一番気になることを伝える

親から見て原因がいくつかわかってきたら、一番気になることを先生にお伝えしましょう。きっと気になることがたくさん出てくることがあるかと思いますが、あまりたくさんのことを言われても先生方も戸惑ってしまいます。

「最近登園を渋るのですが、何か先生に心当たりありませんか?」「園の様子を聞いてもなかなか教えてもらえなくて、先生に何かご迷惑おかけしていないか心配しています」といった事実を伝える、自分が心配していることを中心に伝えるといった工夫も必要です。

実はこの手のことで一番大切なのは、親御さんと先生のコミュニケーションが取れていることです。最初に親が手本を見せるくらいの気持ちで先生と関わってみることから始めてみることも必要かと思います。

意外と親御さんが「先生とどう関わったらいいんだろう？」と悩んでいるとしたら、それがお子さんが悩んでいることかもしれません。親が思っている以上に親子は似ているものです。

そして親御さんが感じた悩みや不安こそ、お子さんが日頃感じているものなのかもしれません。大人は悩みや不安を解消する術《すべ》を知っていますから、他の項目で触れたような質問などをしながらゆっくりお子さんの悩みを聞き出し、共感しながら方法を探っていただけたらと思います。

もちろんお子さんの問題だけではないこともあるでしょうから、そのような場合は何が原因かを見極めた上で変えられることと変えられないことを分け、変えられることから取り組むことが大切です。

11

先生の指示が理解できないことが多いようです。

◆集団での行動が不得手な子がいます。家庭での様子を観察して困っていることを見極めましょう。

「暗黙の了解」が理解できない

保育園や幼稚園に入ると子どもたちは個別での関わりから集団での生活へと変化します。遊び方などを観察していても2歳から3歳前後は一見一緒に遊んでいてもそれぞれが違う遊びをする並行遊びをしていることが多いですが、3歳から4歳頃に徐々に仲間意識が芽生え、小集団で遊べるようになってきます。

人間関係も3歳前後までは一対一が中心です。2人でのやり取りは2つだけ気をつけていればいいですが、3人になると6つ、4人になると12……とどんどん複雑になります。

つまり人数が多い場所では気をつけることが多くなり、先生の指示を聞くためにはいろいろな刺激をふるい分けて先生へ注目することが必要になります。

また、集団で行動するには個別対応よりも暗黙のルールを守ることが求められます。例えば先生に呼ばれたら呼びかけに反応して先生の近くへ行かないといけない、「工作をします」と言われたらロッカーから必要な道具を出してくるといったものです。中には工作をする→必要な道具は何かを考えて取ってくるといった推測が苦手で、はっきり「〇〇取ってきて」「〇〇はどこにあるかな?」と言われて初めてロッカーから道具を取ってくることに気づくお子さんがいます。

一対一なら内容を理解できる子でもグループになると注意が払えずにマイペースな行動をする、あるいは他のお子さんの様子を見て一歩遅れて行動することがあります。少人数なら様子を見て大人が声をかけられますが、保育園や幼稚園では10人以上のクラスが当たり前ですから、先生も家庭と同じように細かく指示を出すことは難しいでしょう。

家庭と園での違いを観察

ここで親御さんにぜひしてほしいのは、家庭でできている理由を観察してもらうことです。親が1つずつ細かく指示を出していないか、いつもと違うスケジュールのときに戸惑っていないか、物を探すときや戻すときにスムーズに行動できているかといったことです。同時に自宅と園の違いは何かを見てみることも大切になります。家族以外の人とのやり取りも大きなヒントになります。

意外と親はわが子に適した声かけなどを無意識にしているものです。親以外の人と関わっている様子を見て「あれ?」と思うことがあったら、まずそれを記録することから始めてみましょう。そしていつも「○○取ってきて」と言っているとしたら「△△するよ」と少し言い方を変えてみましょう。そのときに問題なく動けているか、もしくはわからないときに「それってなあに?」といった質問が出てくるか、といった行動があるかも観察してみましょう。

また、参観日などで様子をみるときにはお子さんが先生の指示に対してどんな行動をしているかを確認してみましょう。中には物を取りに行っている途中で何をするかを忘れてしまう、他のお子さんがしていることを見て真似る、物が散らかっていて目的の物がすぐに出せない、先生が話している最中に窓の外などを見て話に注意を向けていないといったことがみられるかもしれません。

ことばの意味理解といった今までの項目で挙げたことともに、ぜひお子さんが何に困っているのかを見極めてあげてください。

第4の部屋

家庭でできることをすこしずつ

1

「たくさんことばをかけてください」って、どうすればいいの？

無理してことばかけに励むより、日常生活での丁寧なコミュニケーションが大事です。

ことばかけがＢＧＭになっていませんか？

ことばをかける、と一口に言うのは簡単ですが、実はこのことばに困惑されている方は大勢います。親なりに一生懸命声をかけていても子どもが反応してくれないことも多いからです。

このような場合多くみられるのが、親御さんはずっと話しかけるのに一生懸命になりすぎているため、話の区切りがわかりにくいということです。つまりどこが話のポイントかわからないので、ＢＧＭのように音のリズムや話し方の雰囲気だけしか聞こえないことになります。

もちろん音のリズムを体に刻むことが大事なときもあります。しかし、たいていの場面ではことばは意味が伴って初めて広がるものです。子どもがどこまでことばを理解しているかをよく観察した上で、理解している単語や表現で話していくことも必要かと思います。

シンプルなことばかけをめざしましょう

ことばを聞きとるのが苦手、親が話しかけていてもそちらに注目しない、できないといった子ども側の事情もあります。ことばに対して反応が悪い場合、注目してほしいものを口元まで持っていって物と音声を結びつけるといったアプローチも有効です。

また、詳しく話そうとしてつい説明が長くなることがあります。ことばを聞きとるのが苦手なお子さんには話を聞くだけでも大変ですからシンプルなことばかけと同時に見てわかるような工夫も必要です。例えば「危ないから走っちゃダメ！」と言うより「歩いて！」と言ったほうがやってほしいことが明確に伝わります。

無理に時間を取って話しかけるより、むしろ日常生活でのことばのかけ方をわかりやすくしたほうがお互いのコミュニケーションの改善につながります。そしてそこから音声言語への関心が高まることこそが本当は大切だと私は考えています。

2

好き嫌いが多いです。「様子を見ましょう」と言われますが……。

偏食の理由はさまざまです。お子さんの様子をよく観察して改善していきましょう。

偏食の傾向

ことばの相談で「ことばが遅い」「発音がはっきりしない」と相談されるケースの中には偏食が激しいことがあります。好き嫌いについて具体的にうかがうと以下の傾向が見られます。

① 噛む力や飲み込む力が弱く、肉や野菜など噛み続ける食材が苦手

② 一口の量がよくわからず、多量の食物を口の中に押し込んでしまう

③ あまり噛まずに食べるため、喉ごしの良いものを好む
④ 色や形にこだわり、普段食べているもの以外は見た目で拒否してしまう
⑤ 特定の味付けや匂いにこだわり、少しでも好みから外れると口にしない

①～③の問題がある場合は咀嚼《そしゃく》や嚥下《えんげ》（食べ物の飲み込み）の力が弱いことが推測されます。食事の形態を見直し、子どもが食べやすい大きさや硬さを検討することが必要です。
固いもの、というとおせんべいやポテトチップスなどを連想しがちですが、これらの食べ物は口の中に入れていると柔らかくなります。そのため最初の一口は硬いですが、少し噛めば飲み込める硬さになります。

むしろ食べづらいのは繊維が噛み切りにくい塊の肉や葉物野菜、わかめなどの海藻類などです。これらは口の中で一生懸命噛んでいてもいつまでも口の中に残り、最後に吐き出したりすることもあります。

パンも一見食べやすい食材ですが、少ない水分と一緒になると団子状になり、口の中にくっついてしまうことがあります。特に口を閉じて咀嚼することが苦手なお子さんの場合は要注意です。

お餅やこんにゃくなどもニュースなどで窒息事故が報道されたように、要注意の食べ物

です。柔らかいけれど噛み切ることが難しい上に粘度が高く、喉にぴったり貼り付くと気道が塞がれて窒息してしまいます。

食べやすい食材はゼリーやヨーグルトといった水分を含んだとろみのある食べ物です。刻んであるものは噛む負担が減るからいいと思われがちですが、そのままですと口の中でバラバラになってしまいます。ですからお子さんによっては、刻み食は食べにくい食形態になります。このようなときはあんかけやゼリー寄せなどでとろみを付けるといった工夫をすると食べやすくなります。

一方④や⑤の場合、味覚などの感覚が過敏な傾向があるケースが多いです。微妙な食感や味付けの違いなどで拒否することもあります。

また、野菜などは切っているものと丸のままのものとを「違うもの」と認識してしまう、パンはいつも食べているもの以外はパンだとわからないといった認知面の行き違いから生じてしまうこともあります。

偏食を少なくする工夫

限られたものしか食べないため親御さんも食べるものしか出さなくなりますが、できれば親の分だけでもいいのでいろいろな献立を食卓に並べましょう。このようなお子さんの場合、見たことがない食べ物だとますます警戒して手が出ないからです。

私もかつてかなりの偏食でした。親は理解した上でいろいろな食べ物を用意し、嫌いな物ばかりのときは「一口でもいいから食べてみなさい」と言って少しずつ食べることを促していました。

また、これは私の経験ですが、安心感も食事には大切なようです。偏食や感覚過敏の傾向をよく理解してくれた担任の先生が上手に促してくれたことで急に食べ物をおいしく感じて偏食が改善した時期もありました。たまたま味覚が育つ時期と重なっただけかもしれませんが、ひたすら食べろと言われるよりも、時間はかかるからのんびりいこう、大人だって嫌いなものは一つや二つはあるさ、という心構えのほうが子どもたちもプレッシャーを感じずに食事ができるようです。

見たことがないものはよけい食べたがらない

中には両方の要素が重なっていることも

あります。食事の様子をよく観察した上で時には少し食べやすい調理法（においを軽減させる、食感や味付けを変える）にすることも工夫してみるといいと思います。

また、認知面が発達してくることで周りの人が食べているものに気づき、今まで食べなかったものに挑戦できることがあります。周囲の人もそういうきっかけを逃さないようにいい関係を作ることも大切です。

親が「〇〇してほしい」と思うプレッシャーは子どもにも伝わります。一方、子どもは変わる必要性を感じていなければそれに必死に抵抗しますからバトルが生じます。お互いの言い分を相手に聞かせるほうに気持ちが向いてしまうのです。なので「何が何でも」という気持ちになってきたときは、一度「私はなんでこうしてほしいと思うのだろうか？」と自分の気持ちを確認することも大切だと思います。

3 療育で何を相談したらいいの？

もやもやしたこと、はっきりしない不安を整理するいい機会だと考えて相談してみましょう。

相談したい項目に優先順位をつける

相談する機会があると言われたら「あれもこれも聞きたい」といろいろ考えて悩んでしまう場合と「何を聞いたらいいかまったくわからない」と途方に暮れる場合があるかと思います。せっかくのチャンスですからぜひ有効に活用していただけるといいと思いますので、相談を受ける側としてうまく相手のアドバイスをもらうポイントをいくつか挙げてみたいと思います。

たくさん思い浮かんでしまう場合はまず悩んでいることをひと通り紙に書いてみましょ

う。すると、いくつか重なっている事柄が出てくると思います。例えば身辺自立、食事、ことば、行動、診断名、将来の進路といった項目になるとしましょう。その中からまず一番気になることを1つずつ挙げてみてください。

そしてその中でさらに優先順位をつけてみましょう。そして保健師や医師との最初の面接時にその紙を見せてください。すると保健師や医師も状況の整理がしやすくなり、より具体的なアドバイスや詳しい専門家を紹介することができます。

ただし、相談しても内容によっては「それは私の専門ではない」「今の時点では何とも言えない」といった返事になるかもしれません。特に将来のことに関してはお子さんの成長によって変化することも多いため、どの専門家も断言できません。

社会生活に必要なスキルを身につける

私がよく親御さんに言うのは「将来のことに関してはわからないけど、どんな場所へ行っても必要な行動はありますよね。それをどうやったら身につけられるか、周りの人が支援の工夫をしたらいいかを考えましょう」ということです。

例えば、

- 食事をして食べ終わった食器を決まった場所へ下げる

- 着替えをしたら脱いだものを洗い場へ出す、洗濯した物を決まった場所へしまう
- 入浴、歯磨きや洗顔、トイレといった健康や衛生面に関する行動をする
- 一人もしくは家族やガイドヘルパーといった支援者と一緒に外出する
- 日用品や趣味の物を購入し、自分の持ち物を管理する
- スケジュールやお金を管理する
- 家族や一緒に過ごす人と折り合いをつけて暮らす

といったことは、どこで過ごすにしても必要になります。それが難しいのなら家族もしくは支援者に介助を求めなければなりません。介助を求めるには要求を出せることが大事になってきます。周囲の人もどんなことを求めているかを聞きだすための工夫が必要になるかもしれません。

このような視点で改めて考えると特に相談することがないと思っていた親御さんも「ここは心配かも……」といった問題が見えてくることが多いようです。今は親が代わりになって用を足すことができていても、保育園や幼稚園で親と離れたときに行動できない理由を考えると支援策を工夫するポイントがわかってきます。

すると「お箸でうまくご飯が食べられない」「好き嫌いが多い」「要求を伝えられず、お友達に手が出てしまう」「先生の指示がよくわからないみたい」といった具体的な内容が

飛び出してきます。これを相談の際に伝えると、専門家に「ああ、親御さんはそこが大変なのですね」と納得してもらえることが多いです。

相談と言われるとつい身構えてしまいますが、自分の気持ちを整理するいい機会だと思って利用してもらえるといいかと思います。自分の中ではっきりしないこと、もやもやしていることから始めてもいいかもしれません。

4 療育で相談しても曖昧なことしか言われません。

子どもを一番理解しているのは家族です。専門的立場からアドバイスしてもらうくらいの気持ちでいいでしょう。

専門家は万能ではない

ネットや相談の場などで「相談機関に行っても『様子を見ましょう』『お子さんに寄り添ってあげて』といったことしか言われなかった。わからないから相談に行ったのに……」と訴えられることがあります。

親としては具体的な対応が知りたいのに、これではせっかく時間を調整して相談に行く意味がないと思われても仕方ありません。支援者側も「様子を見るにしてもどんな視点で子どもを見ていく必要があるか」「子どもはこんな風に物事をとらえているから、子どもたちにより伝わるようにことば以外のヒントを出す必要がある」といった具体的な対応を話す配慮をもっと意識してほしいものです。

ただ、前の項目でも触れましたが、将来のことや家での対応については専門家でもわからないことが多いし、かなり整理して具体的に聞かないと答えてもらえないこともあります。

一緒に暮らさないとわからないことも多い

一方で親御さんが事前に整理して聞いても曖昧にしか言ってもらえないこともあるかもしれません。それは専門家はその場で見たことしかわからないため、家や保育園や幼稚園でどのような振る舞いをしているかが想像できない場合です。

残念ながら専門家だからといって何でも知っているわけではありません。特に日常生活での悩みは一緒に暮らしてみないとなかなかイメージできないことも多いものです。

親御さんの悩みというのは1つ1つはそれほど大きくはないのですが、それらが長い年月で積み重なっていることが多いため、かなり問題が複雑になっていることがあります。お子さんの行動を改善するには家族の協力が欠かせないこともあります。

案外この環境調整が、親にとっては頭の痛い問題になりますが、このあたりの厄介さも家庭環境などがわからないと具体的なアドバイスが難しいこともあります。そして日常生活に即した問題は実際にその家で家族が行動しやすいように模様替えしたり、家のルールを家族で話し合いながら時間をかけて決めていくものです。

本当はそのような家族間の調整をサポートする専門職が訪問してアドバイスできるといいのですが、まだ公的サービスはないのが現状です。しかし、調整をしたいことが明確になると専門家もアドバイスしやすくなります。

今は療育に関する本もたくさん出ていますし、インターネットなどで知りたい情報を探すこともできます。それをやってみて「ここがうまくいかなかったが、どうしたらいいか？」といった質問をしてみると先方もわかりやすいですし、療育の課題を工夫してくれるかもしれません。

ペアレント・メンターという研修を受けた先輩親がアドバイスする制度も少しずつ整備されてきました。都道府県の発達障害関係のホームページなどに情報が掲載されていることが多いので探してみてください。

5

散らかしっぱなしで片付けられません。

片付けの方法がわからない場合もありますが、家の収納や動線が片付けにくい構造になっていることもあります。

子どもの問題と環境の問題

まず家の中を見回してみて、お子さんの物がどこに何が入っているかわかるようになっているか、触ってほしくないものは対策がとれているかを確認してみましょう。

家庭内で親御さんの多くが訴えてくるのが「部屋を散らかしてしまう」「スムーズに行動できない」「スケジュール管理がうまくいかない」ということです。

これにはお子さんが物を片付けることがよくわかっていない、物の分類やしまい方がよくわからないといった問題が考えられます。同時に親御さんもお子さんの動線に配慮していない物の置き方やわかりにくい収納にしていないかを検討してみてください。

例えばお子さんが外出に使うかばんを子どもの手が届く場所に置く、逆に親のかばんは手の届きにくい所へ置くといったことで「親のものを勝手に使わない」といったルールを教えるきっかけができます。色の理解ができているお子さんなら兄弟で引き出しや かごの色を変える、その引き出しと同じ色のシールを細かいおもちゃを入れるファスナー式ビニール袋や洗濯ネットなどに貼る、使う場所によってタオルの色を変えるといったことで、知っていることを生活に活かすことができます。

注意が散りやすいお子さんの場合、食事をする場所に物があるとそちらに気を取られてしまいます。食事中はテレビを消す、テーブルをテレビが見えづらい位置にする、テーブルに食事関係以外のものは置かない、同じ部

自分の物は、自分専用の色のシールを貼った袋やかごにしまうとよい

屋の中でも食事をする場所と遊ぶ場所を床の色などを変えて明確に分けるといった配慮も有効です。

　また、時間感覚がわかりにくいお子さんにはタイマーを使う（今は視覚的に時間が減っていくことがわかりやすいタイマーもあります）、イラストなどでやることを描いて今どこまでできているかを確認するといった対応を少しずつしていきましょう。

何がどこにあるか、誰でもわかる環境に

　そして親御さんにぜひ見直してほしいのが「何かあったとき他人が手伝える状況になっているか」ということです。例えば主に家事をしている人が用事などで1日家を空けるとき、他の人が家に入ってもある程度、料理、洗濯、掃除ができるでしょうか。この視点で家の中を点検してみるとけっこう盲点が見つかります。

　きっと主に家事をしているのは母親ということが多いでしょうが、それ以外の人が家事ができるよう家の中がわかりやすくなっているかはとても大切なことです。ぜひ他の人に見てもらってください。「〇〇はどこ？」「なんでここに入っているの？」と戸惑うようならそこが改善点です。

　そこで暮らしている人はつい「見ればわかるじゃない」「当たり前のことでしょ」と一

笑に付してしまいがちですが、他者の視点に立つと「ここはわかりづらい」と感じることが出てきます。

もちろん説明されると「ああ、そうか！」「これはうちも真似したい！」と思える理由ならいいのですが、例えばお茶を入れるのにもお茶の葉や急須、湯のみの場所を家族に聞かないとわからない、あちこち探さないといけないレイアウトだとすればそこから変えていくといいと思います。

　一見、療育とかけ離れているかもしれませんが、療育指導を行う部屋は実はかなり子どもが課題に集中できるよう工夫されています。たいていは余計なものが置かれていません。引き出しや棚にはラベルや写真シールが貼ってあり、複数の人が教材を出し入れできるようになっています。子どもたちにいじってほしくないものは手の届かないところに置いてあるか鍵がかけてあり

引き出しの中に何を入れるのかが一目でわかるようにする

ます。指導でやることを事前に説明したり、書いて提示されることもありますし、わからないときはわかるまで付き合ってもらえます。

　こうやって考えると、いきなりは無理でも生活に取り入れられることはあると思います。ぜひできそうなことからやってみてください。

6 療育でやったことを家でどうやったらいいの？

指導室と同じことをやる必要はまったくありません。家庭の事情に合った練習を工夫することが大事です。

家庭は実践の場と心得る

療育で指導されたことをまず何の目的でやっているかを考えてみると、この答えは出てくるかもしれません。中には親子別室で指導されていて何をやったかわからないことがあるかもしれませんが、そういう場合はぜひ指導内容を確認するようにしましょう。

親御さんの中には「うちには絵カードとかもないし、同じことはできない」とおっしゃる方もいらっしゃいますが、何も指導室と同じことをやる必要はありません。むしろ家でこそできることがたくさんあります。

例えば物の用途・特徴についての課題をしているなら、持ち物を用途・特徴ごとに分けて引き出しにしまうといったことが家でもできるでしょう。全部は無理にしても片付けるときに「書くものはここだよ」と言って引き出しにしまうことはできます。他にも折り紙をやったらタオルをたたむ際に角と角を合わせることを教えることができます。

むしろ療育の目的は日常生活でより本人が楽になるためなのですから、家庭は実践の場だと思って取り入れてみてください。

また、最近はパソコンやスマートフォンなどの普及で家庭でも使いやすいアプリが出てきました。スケジュールも家族で共有しやすくなりましたし、外出先のホームページ等とリンクさせると事前に写真などを見せることもできて旅行などの確認にも利用できます。終わってからも写真を整理するついでにどこで何をしたかをフォトアルバムにしてみる、一緒に旅行道具を片付けることも家でこそできると思います。

整理整頓や家事の本も参考に

また、意外と参考になるのは整理整頓や家事の本です。先にも述べたようにお子さんが自分で動きやすいレイアウトになっているかでずいぶんできることは変わってきます。お子さんがよく使うものがお子さんの目線で見たときに出し入れしやすい場所にあると便利です。反対に親に要求してほしいものは少し取りにくい場所に置いて絵カードなどを渡して取ってもらうといったルールを決め、練習するといった工夫もできます。

具体的に何をしたらいいか思い浮かばないことがあるかもしれませんが、今は生活指導についてはいろいろな本が出ています。図書館などで取り寄せてみて自分に合ったものを探してみるといいでしょう。

本当はこのテーマだけで本が何冊も書けるほどです。関連本もいろいろありますから参考になりそうなものをぜひ保育園や幼稚園、そして療育の先生などに聞いてみてください。

7 子どもの成長を感じられません。苦しいです。

何事も一気にできるようになることは稀です。根気よく働きかけることが結局は一番の近道なのです。

コツコツとした働きかけがいずれ実を結ぶ

ことばの遅いお子さんをお持ちの親御さんは「いろいろ頑張っているのに、これ以上どうしたらいいのでしょう?」と悩むことが日々あるかと思います。

特に周囲に同い年のお子さんがいると、この子のペースがあるのだからよその子と比べても仕方ないと頭ではわかってはいても、ついわが子と比べて落ち込んでしまうことがあるかもしれません。

相談に携わっている立場としては、親御さんが「あまり変わっていない」と感じていても、こちらの目から見ると進歩していることもいろいろあります。毎日一緒にいるとつい見逃してしまう変化もたまに会う立場だからこそわかることもあり、「以前よりずいぶんこういうところは変わったと思いますよ」とお伝えすることで、気持ちが切り替わることも多いようです。

個人的には親は欲を持って当たり前だし「こうなってほしい」と願う目標があればこそ頑張れることもあるかとは思います。一方で子どもの都合も忘れないでほしいのです。子どもは子どもなりに頑張っていますし、なかなか伸びないなと感じる時期こそ次へ行くための準備期のことがあるからです。

一般には何かできるようになると言われると、一歩ずつ徐々にできるようになるとイメージしがちですが、ある日突然できるようになることもあります。もちろん支援方法を見直すことも必要ですが、多くの場合は小さな段階に細かく区切る、今できていることを応用させる方法で気づいてもらうといった工夫で働きかけるほうが有効なケースが多いものです。

また、このような気持ちになっているときは頑張った分の対価がないと感じていることがストレスになっています。ただ育児に言えることは、今やっていることはいつ成果が出るかはわからないし、時には10年、20年経過して初めてつながることも決して珍しくはないということです。

働きかけ続けることでしか変わらない

私が講演などでもお話しさせてもらうのは「働きかけてもなかなか反応のない子どもたちに続けることはとても大変だと思う。それでも働きかけは続けてほしい」ということです。たいていの親御さんは「そんなに長い時間がかかるのか……」とうんざりした顔をされます。ですので、さらに私がよくお伝えするのは「でも、私たちだって自分が苦手なことを得意にするのにはとても大変で時間がかかると思います。例えば小さい頃から片付けが苦手だとしたら、そんなにすぐには得意になれませんよね」と話すと「ああ、そうですよね。自分だって子どもの頃から何度も練習してようやくできるようになったんですよね」と納得されます。

そしてサポートする立場の方にはそんな親御さんたちをぜひ否定しないで支えていただきたいのです。もちろん時には叱咤激励したり、あえて苦言を呈することもありますが、落ち込んでいる理由を聞き出しながら帰宅後「さあ、明日からまたがんばろう」という気持ちになれるよう声をかけることも大事です。

今の日本の医療や福祉制度ですと家族支援には限界がありますが、子育て支援などの制度の中には活用できるものがいろいろあります。自治体によって差はありますが、保健師さんなどに相談しながら親も少し楽になるようお子さんと過ごしてほしいと願っています。

8 夫が子どもに適切に対応してくれません。

夫婦間のコミュニケーションの問題の場合がほとんどです。相手を知ることが先決です。

お母さんたちの苦悩

私が勤務し始めた頃は、健診や相談業務に父親が同伴することがたまにありました。それでも先輩方からは「私が働きだした頃には考えられなかったわ」と言われたものでした。もちろん今でも相談などへは母親がやってくることが大半ですが、以前より相談業務にも積極的にお父さんたちがいらっしゃることがあり、話をしていても普段から育児に参加している様子がうかがえることが増えてきました。

ただ、そうはいってもまだまだ主な育児は母親が担っているのが日本の現状です。母親は家事や育児に（人によっては仕事にも）追われているのに父親は外で仕事をして帰宅後少し子どもの相手をするけど、疲れていたらさっさと自分だけ食事をしてお風呂に入って寝てしまうこともあるようです。

家事や育児にもっと参加してほしいけど、やってほしくないことをされるのも嫌だし、何しろ話し合いができないことが苦痛、というのがお母さんたちの本音のようです。せめて育児の悩み事や保育園や幼稚園のことを話したいけど、話しかけると面倒臭そうな顔になり、「疲れているから後で」と言われてしまって次第にすれ違いが多くなることで結果、会話も減ってしまい、ストレスを感じているお母さんも多いかと思います。

もちろん、お父さんの立場からすると自分が稼がないと家族を養えないし、仕事で疲労困憊しているから仕事を続けるためにも休めるときはゆっくりしたいというのが本音でしょう。それをお母さんも理解しているからこそ、不満を持ちつつも我慢しているのが現状ではないでしょうか。

「わかって当然」には無理がある

夫婦間で不満や問題が出る場合、コミュニケーションがうまくいっていないことが経験上多いです。そして対応について不満があるケースでは、不満を訴える側の話を聞く側がよく理解していないために生じることがあります。

また、妻が普段何気なくしている家事や育児の方法を夫がよくわかっていないことにも不満なことが多いようです。例えば醤油などでも夫にとっては買ってあるのが当たり前だからいつもあるはずのものがないと「なんで買っておかないんだ！」と不満に感じるようです。でも買う立場の妻からすると「だって今日は忙しくてスーパーに寄る時間がなかったのよ！　だったら自分で買えばいいじゃない！」とムッとしてしまうことでしょう。

お互いこのままではよくないとわかっているけど、話し合いのエネルギーすら出てこないというのが実際かもしれません。すれ違いが多くなるとコミュニケーションはどうしても質が低下し、不満と要求と文句ばかりが増えていきます。これではお互いの言い分ばかりを主張し合うことになりますし、交渉するにも喧嘩腰になってしまうでしょう。

ドラッカーのマネジメントには「コミュニケーションは組織のあり方である」という記述があります。このような視点で夫婦や家族を1つの組織として考えると、お互いが状況を伝え、1つの理念のもとに行動できないと組織としては機能しないことになります。

私が夫と暮らしてみて実感するのは、自分がわかっていることを相手に同じようにやってもらうには丁寧かつ詳細に伝える必要があるということです。例えば洗濯してもらうにしても洗濯の頻度、ネットに入れるものと入れないもの、下洗いをするもの、洗剤などの入れ方、洗濯物の干し方、乾いた洗濯物のたたみ方、と家庭によってかなり変わります。そのため夫にわかるようマニュアルを作って渡したことがあります。私からすれば「見ればわかるじゃないか」とつい思ってしまいますが、他の人の家に行ったらどこに何があるかわかりませんし、その家の好みに合うよう料理をしたり洗濯できる自信はありません。

ですから「誰が見てもどこに何があるかわかる」「初めてその家に入った人にもわかるように説明できる」ことは夫婦で協力していくには必要なことです。

日本では「黙っていてもお互いの気持ちはわかるもの」という通念がありますが、それは幻想だと私は思っています。そして一度や二度ではなかなか通じませんし、粘り強さや試行錯誤も必要です。

残念ながら男性の場合、男というだけで細かい配慮をするといったことは仕事以外ではかなり免除されることが多いので、連れ合いがどれだけ家庭のことに細かく気を配っているかにあまり気づいていないことが多いようです。その上、女性がやって当然という風潮もまだまだ残っています。

もっと違う価値観があると知ってもらうには、父親同士の会といった同じ立場の人から話を聞いてみるのもいいでしょう。仕事以外の場所で父親が集まる機会は少なく、育児についてて戸惑っている父親は案外多いものです。

夫婦はそもそも違う価値観の人間2人が集まるものですし、夫婦の形は家族の増減、仕事や介護といった状況でも変わっていきます。不満の理由を明らかにして解決していくには周囲の人の協力も必要です。夫婦の問題を解決する過程を子どもたちに見せることはきっと子どもたちがコミュニケーションを学ぶためにも大切なことだと思います。

9 自分や相手の両親に子どものことをどう説明したらいいの？

祖父母の意見を傾聴する姿勢は大事です。ただ一番重要なのは夫婦で話し合い、方針をすり合わせることです。

夫婦で話し合って方針を決める

子どもについてどこかに相談に行くか悩んで祖父母にあたる両親たちに相談すると「まだ大丈夫よ」「心配しすぎ」と言われる場合と、「お前たちの育て方が悪いからだ」「早く何とかしないと大変なことになるぞ」と言われる場合があると思います。

おじいちゃん、おばあちゃんは味方になってもらえればこれほど心強いことはありません。ただ、同意見であればいいのですが、親族であるだけに一度感情の食い違いが生じるとかなり厄介になります。悩まれているケースの多くは意見が違うからこそ困惑されています。

まず夫婦間での意見を統一させ、育児や親戚付き合いの方針を確認しましょう。できたらそれぞれの親には実子から話すようにして「いろいろ心配だろうがどうか温かく見守っていてほしい」と伝えることが大切です。

ここでのポイントは「心配していることや気にかけてくれていることはありがたい」という感情的な部分と「実際の行動はこちらが主体的になるから、意見は聞くけど最終決断はこちらがする」という責任の所在を明確にする部分を分けることです。

中には孫が心配のあまりさまざまな健康食品や祈禱などを「治ると言われたから」と勧められることがあるかもしれません。それらに関しては「心配してくれてありがとう」と親の気持ちに配慮した上で「お医者さんたちと相談しながらやっているから」と望ましくないものについては断るようにしましょう。そしてこの手のことは前の項目でも触れましたが、まず夫婦で話し合えることが大切です。

相手によって関わり方を変える

今は育児の常識なども祖父母の時代とはだいぶ変わってきています。少しずつですが祖父母向けの育児講座も自治体やＮＰＯ法人などで開催することも増えてきています。参加して知識を得る、同じ立場の祖父母仲間を作ってもらうことも1つの方法だと思います。

年配の方の場合、自分が今まで培ってきたものに対してなかなか変えることができない人もいますし、若い人から意見を言われることを嫌がる人もいます。日本では年上の人のことは敬わないといけない風潮が強いですからあまり波風を立てたくない、という気持ちが働きがちです。

相手に悪気がないと余計に否定的なことは言いづらくなります。そのような方の場合、残念ながら徐々に距離を置くしかないかもしれません。

お付き合いしていく中で相手がどのような人かをよく把握することも大切になります。コーチングなどでは一人ひとりの特徴に合った関わり方を考えていきます。同じことを言うにも相手が受け入れやすい関わり方の工夫はとても大切です。

ただ、アレルギー体質の子どもに原因となるものを「そんなのは好き嫌いだ」「食べているうちに治る」と言って食べさせようとするといった、子どもの健康や命に関わることがあるようでしたら話は別です。どのようなことが問題になっているのか、ぜひ両親で整理してみるといいと思います。

10

時間を守って行動できず毎朝、保育園（幼稚園）に間に合いません。

朝の支度に集中できる場づくりとともに、なぜ朝急がなければならないかを理解させることが必要です。

気が散らないような環境づくり

相談などをしていて増加しているのがタイムマネージメントや片付けに関する事柄です。特に共稼ぎの親御さんにとっては時間通りスムーズに行動してもらうのは切実な問題です。勤務時間の都合上、絶対に家を出ないといけない時間までに支度をしてほしいのに、子どもたちにのんびりされると親としてはイライラしてしまうことでしょう。

しかし、子どもの立場からすれば親の都合よりも自分のペースに忠実なのは当たり前のことです。また子どもは大人よりワーキングメモリーといういくつもの作業を同時並行させるタイプの記憶が未発達です。

　ですから、何かに気を取られたらそれまで覚えていたことがスッポリと抜け落ちてしまいます。まずは家の中を見回して気が散る要素がないか、たとえ他のことに注意がそれてもすぐに戻れるようなサインを作れるかをチェックしてみましょう。

リビングには気が散る要素がいっぱい

　朝はリビングで着替えなどをすることがあると思います。しかしリビングは誘惑がいっぱいある場所です。ここでテレビがついていると子どもはまずテレビに気を取られてしまいます。おもちゃや絵本が床やテーブルの上にあったらそちらに心を奪われるでしょう。

　着替えは集中できる場所でする、食事中はテレビや絵本を見ない、とルールを決めた上で寝室から玄関へ通って行く中で支度がしやすい流れに物を置くといったことから始めてみましょう。また、朝のスケジュールをホワイトボードなどに書き出し、やったらマグネットなどを移動させるというふうにすると、今自分は何をやっているか、次は何をしたらいいかといった見通しがつきやすくなります。

大人でも気が散る要素が多いとワーキングメモリーがいっぱいになり、混乱してしまいます。大人の物の配置も適切かどうか、これを機会に一度点検してみましょう。

日本は部屋が狭いこともあってか場所の意味が混在していることが多く、結果として物があちこちに散乱し、特に家族が集うリビングに物が集中する傾向があります。まず食べる、寝る、くつろぐ（遊ぶ）、作業する、物をしまう、清潔にする、通過するといった具合に場所に意味を持たせ、できるだけそれらの場所が重ならないようにしましょう。スペースなどの関係でどうしても重なる場合は、一時的に物を置いておくカゴなどを作って分けておくようにすると混乱しづらくなります。

そしてそれぞれの行動をする際に適切な物が置ける場所を確保することが重要になります。例えばわが家はコートなどを掛けるハンガーラックを玄関のそばに置いています。帰宅後に玄関でコートを脱いだらすぐにしまえて便利です。

時間のマネジメント

また、実際の行動に対して時間が適切に配分されているかも重要な問題です。意外と雑用にかかる時間は多いものです。例えば私の場合、起きてから着替えて布団を片付け、メイクをして洗面所をざっと片付けるのにかかる時間は急いでも約30分です。スムーズに動けるよう工夫して物を置いてもこのくらいかかるのが現実だと思ってください。これに朝食の支度やゴミ捨て、片付けや掃除などが入ればもっと時間がかかるでしょう。「そんなにかからない」と思ったら一度ストップウォッチなどを持って実際に何分かかるか計測してみてください。

そして一番大事なのは「子どもが朝急ぐ必要性をどのくらい理解しているか」ということです。大人の都合は何となくは理解していても、自分に関係ないと思えば意味がありません。「時間までに仕事に行かないと、場合によっては給料が減らされたり辞めさせられるかもしれない」といったつながりを実感するのはかなり大きくならないと無理でしょう。就学までは自分が朝に必要な支度ができることで親が喜んだり自分ができた達成感を味わうこと、支度や片付けができることで次の行動がしやすいことをつなげて理解するといったことの積み重ねがポイントになります。大人も物を探す時間などを減らすことがスムーズな行動につながることを意識して取り組んでみてください。

11 周囲の人に親のしつけが悪いと思われているようです。

周りの評価に一喜一憂するのはやめましょう。育児には大らかさが必要です。

深刻に受け止める必要はない

仕事柄、育児について相談されることが多いのですが、その流れで「私のしつけ方の問題でしょうか?」「それともこの子の性格が悪いのですか?」と聞かれることがあります。親として切実な質問なのでよく聞いてみると、多くの場合このようなことを誰かに言われて悩んでいることが判明します。

特に親や親戚、親しくしている人たちに言われると相手に悪気がないとわかっていても心にグサッとくるものです。自分のことをそんなふうに思っていたのかと考えると複雑な心境になるでしょう。

　そもそも「性格」と私たちが呼んでいるものは考え方や行動の傾向のようなものであり、人との関わりや行動の中で推測したものにすぎません。自分以外の人が何を考えているかは直接聞いてみない限りわからないのに、行動から「こう思っているはず」と勝手に感じているることとなのです。周囲の人が「親のしつけが悪い」というのも日頃のやり取りを見た上での印象や推測であり、あくまでも1つの視点からの印象なのです。

　たいていの場合、行動が変わればたとえ「考え方」が変わっていなくてもOKのはずです。そのくらいいい加減なものだと思い、「別に相手の考えは変わらなくてもいいから、こちらの行動が変わればいいや」と割り切ることも大切になります。

　こちらの行動を変えるためにはどうしたらいいかと考えたほうが問題はシンプルですし、言われたことに思い悩んだり抗議したりするよりは「わが子との関係を見直すいいきっかけになった」と考え直してわが子との関わり方を変える工夫をしたほうがいい結果を招きます。

　もしかしたら周囲の人が「親のしつけが……」と言うのは、その人を取り巻く状況に不満や不安があるからかもしれません。誰かに自分の状況をわかってほしい気持ちの裏返しなのかもしれません。案外、親子関係が良くなったらなったでいろいろ言ってくるかもし

感情ベース		行動ベース
ムカつく	→	○○な行動をしてほしい
イライラする	→	△△が思い通りにできていない

時には書きかえも必要

れません。

ここで注意してほしいのは私たちが普段、性格やしつけの結果として判断する根拠は行動です。多くの場合、何かの働きかけの結果として行動が生じますが、それに必ず因果関係があるかと言われるとそうではありません。ですからお子さんの行動が親のしつけのせいか子どもの性格のせいかを思い悩むのは一旦脇に置いておきましょう。

意図が通じる働きかけ

そうは言っても私が見ている限り、子どもたちの言動は親に影響を受けていることが多いのも事実です。そしてよくありがちなのが親の意図とは全然違うことが子どもに伝わっていることです。

この受け取り方の違いは親の側にもあって、子どもの行動に対して「どういうつもりなの!?」とイライラし、腹立たしい思いをすることがあります。でも子どもからしたら親を困らせたり怒らせる意図はまったくなく、ただ思いついたことを子どもらしくパッとやっているにすぎないことが多いものです。

ですから、行動する側も受け取る側も楽天的にとらえやすい人、悲観的にとらえがちな人、被害的にとらえがちな人などさまざまなのです。それらがどう組み合わされるかで同じ行動でも意味合いがずいぶん変わってくることがわかるかと思います。そして悪気はなくても不適切な行動なら直してもらうよう「意図が通じる働きかけ」「行動を変える働きかけ」をこちらもしていく必要があるということです。

育児本などによく書かれている「怒ったり叱ったりしてはいけません」ということばですが、個人的には、人間だからそんなに仏様みたいにはなれないだろうし、イライラしたり腹を立てることは悪いことだと私は思っていません。子どもが自分の言動が相手に不快な感情を引き起こすことになる、気をつけようと考えることにつながればいいのです。

しかし子どもによっては「失敗してはいけない」という恐怖の意図になったり、「悪いことをすればかまってもらえる」という間違った意図になっていないかは一度確認してみる必要があります。このような場合、周囲の大人が適切な行動をしているときには無反応もしくは反応が薄く、不適切なときは強く関わることが多いものです。親はつい適切な行動をしていると安心して放置しがちなので、放置される、任されることを快と感じる子どもも以外は「これでいいのだろうか？」と寂しくなったり不安になってしまいます。

「わかっちゃいるけどやめられない」のが人間の性《さが》でもあります。実は人間は怠け者ですし、できたらそんなに自分を変えずに他の人や環境に変わってほしいと願う生き物です。そして状況が変わることに多かれ少なかれストレスを感じます。親が変わると嬉しい反面、「どうしたの？」と不安になり、かえって相手の気を引こうと不適切なことをすることもあります。

一番大切なのは「子どもは立派な親を求めていない。親は立派でなくていい」「でもこちらもできるだけ言動を一致させよう」と目標を大らかに設定し、完璧を目指さないことです。育児は業務ではありませんし、仕事以上にスモールステップを刻む観察眼と長い目で考える視点が必要です。そのためにも今まで書いてきた気持ちや物、時間を整理するといった工夫が大切になります。

あとがき

この本を読まれてどのようなことを感じたでしょうか。勇気づけられた方、戸惑われた方、疑問に感じた方、さまざまだと思います。

「ことばの相談の本なのに、どうして片付けやタイムマネージメントといった関係なさそうなことをこの人は書いているのだろう?」と思われたかもしれません。しかし、相談の現場でこの2つは最近特に増えている相談事項です。そして、どちらもコミュニケーションの根本に触れている事項だと、私は夫と暮らしていて感じています。

時間通りに行動するためには相手の都合や状況に合わせて動くことがたくさんありますし、物の管理も自分や他人との折り合いの中で決まっていくものです。自分だけのルールでは支障が出てきますから、それらを相手と調整するためにもことばは大事な手段になります。大半の人は行動や思考の道具としてもことばを使っていますから、効率よく行動するには言語能力がある程度必要です。

本文でも少し触れましたが、私は発達障害の当事者であると同時に支援者であり、夫も当事者なので家族の立場でもあります。彼と暮らしてみて、ことばが伝わるためにはその前提条件や共通理解を促すための環境整備がとても大切だと改めて感じました。どんなにことばを駆使できたとしても、それをどう生活の中で活かしていくかという視点がないと、言語はただの記号の羅列になってしまいます。同じことばでも用いる意味が違えば通じ合いませんし、それがいさかいの元になってしまいます。

言語聴覚士として働いていると、この点が多くの場で軽視されているのを危惧することがあります。コミュニケーションの問題を抱えている患者やご家族と接していても、「ことばやコミュニケーションは空気のようなもので、機能しなくなって初めてその大切さに気がついた」という声をよく耳にします。

もちろん詩や小説などのように意味よりも感情や感覚を味わうことばの使い方もあるでしょう。そういうことばの楽しみ方を知ることで生活の幅が広がり、潤いが出てくることを私は否定しません。しかし、それらは生活の土台があってこそのものではないでしょうか。

日本ではみな同じような状況下で暮らしている、という前提への思い込みが強いせいか、身内でのコミュニケーションを重んじる傾向が強いですが、今後は日本もますます異なる文化や状況の人と関わる世の中になるでしょう。したがって、的確に情報を伝えられる力や、わからない、できない人に対して粘り強く試行錯誤しながら関わり、相手の本音を引き出し、調整できる力こそが将来求められる真のコミュニケーション能力だと感じています。

この本の内容は今までのイメージとかなり違うことばの話でピンと来なかったかもしれませんが、ぜひできそうなことから日常の中に取り込んでみていただけたら、とても嬉しいです。

最後に、この本を書くにあたり声をかけてくださった明石書店の森本直樹さん、編集作業をサポートしてくださった吉澤あきさんにお礼を申し上げます。マイペースな著者にさぞかしハラハラされていたことと思います。そして、原稿書きにあたふたしている際に応援してくれた夫・村上真雄《しんゆう》に感謝したいと思います。

2015年1月

村上　由美

著者紹介

村上由美（むらかみ・ゆみ）

言語聴覚士。認定コーチング・スペシャリスト®。

上智大学文学部心理学科卒業、国立身体障害者リハビリテーションセンター学院聴能言語専門職員養成課程卒業。非常勤でさまざまな施設に勤務し、全般的な言語聴覚士サービスについて実務経験を積む。この間、第1回言語聴覚士国家試験を受験し、言語聴覚士資格を取得。その後、常勤で重症心身障害児施設で発達障害児（広汎性発達障害中心）、肢体不自由児（脳性麻痺中心）の言語聴覚療法や発達相談業務に従事。

2005年に重症心身障害児施設を退職後はフリーで活動。原稿執筆、自治体の発育・発達相談業務（委託派遣）、テレビ出演、セミナーや講演などを行う。

著書に、『声と話し方のトレーニング』（平凡社新書、2009年）、『アスペルガーの館』（講談社、2012年）、共著に、梅永雄二編著『仕事がしたい！　発達障害がある人の就労相談』（明石書店、2010年）、石井京子・池嶋貫二・林哲也・村上由美『発達障害の人が活躍するためのヒント』（弘文堂、2014年）。そのほか寄稿多数。

ことばの発達が気になる子どもの相談室
コミュニケーションの土台をつくる関わりと支援

二〇一五年二月五日　初版第一刷発行

著　者――村上由美
発行者――石井昭男
発行所――株式会社明石書店
一〇一―〇〇二一 東京都千代田区外神田六―九―五
電話　〇三―五八一八―一一七一
FAX　〇三―五八一八―一一七四
振替　〇〇一〇〇―七―二四五〇五
http://www.akashi.co.jp

装　丁――明石書店デザイン室
カバー・本文イラスト――今井ちひろ
印刷・製本――モリモト印刷株式会社

（定価はカバーに表示してあります）
ISBN978-4-7503-4131-6